Jean Louis Hierro

Les cicatrices de l'âme

Jean Louis Hierro

Les cicatrices de l'âme

L' amour ne doit pas faire mal

Éditions Vie

Cover image: www.ingimage.com

Publisher:
Éditions Vie
is a trademark of
Dodo Books Indian Ocean Ltd. and OmniScriptum S.R.L publishing group

120 High Road, East Finchley, London, N2 9ED, United Kingdom
Str. Armeneasca 28/1, office 1, Chisinau MD-2012, Republic of Moldova, Europe
Printed at: see last page
ISBN: 978-613-9-59274-6

LES CICATRICES DE L'AMES........Tel un humble narrateur, je dévoile les origines de mon existence à travers les dédales de Casablanca, cette ville pittoresque de l'année 1957. Dès ma naissance, les fils complexes de mon destin s'entrelacent en un tableau tumultueux. Un prodige de la nature, je suis venu au monde avec un pied d'une esthétique singulière, suscitant les murmures énigmatiques de mes géniteurs. En ma prime enfance, le voile de mes pleurs incessants enveloppait les heures diurnes et nocturnes. Ma mère me confia plus tard que mon père, en homme empli d'amour paternel, prodiguait à mon pied de tendres massages, suscitant ainsi Tel l'aîné sacré d'une fratrie de trois âmes, mon existence s'érige telle une tour majestueuse, portant sur ses épaules le poids des destins entrelacés. Dans les volutes éthérées du temps, un de mes frères, comme un astre éteint, s'est évanoui dans l'année 2016, laissant derrière lui un vide inconsolable. Toutefois, une étoile brille encore au firmament de ma vie : ma sœur, dont la présence est une douce caresse enivrante. Elle est mon pilier, mon confident, et je lui dois tant. Hélas, les souffles de l'implacable destin ont emporté mes chers parents vers des contrées célestes, où ils résident à présent, tels des gardiens bienveillants de mon parcours des hurlements qui résonnaient commes des mirages embrumés dans les méandres de ma mémoire d'enfant, l'écho lointain d'un souvenir s'élève. Lorsque j'avais l'âge tendre de cinq années, dans l'enceinte sacrée de l'appartement familial, les caprices du destin tissèrent un épisode empreint d'une intensité saisissante. Mon frère, comme un messager imprévisible, me remit, entre ses mains innocentes, un marteau, symbole de force brute et d'incertitude. Un frisson glacial parcourut ma colonne vertébrale tandis que l'instrument métallique s'abattait avec une précision effrayante sur ma frêle tête. Un coup inouï, chargé de mystère et de conséquences imprévisibles, se grava à jamais dans les annales de mon existence. échos douloureux à Dans l'antre mystérieux de notre demeure familiale, les arcanes du jeu et de la découverte s'entrelaçaient avec audace. Comme un alchimiste de l'enfance, mon frère, tissant les fils de son imagination fertile, orchestrait une scène insoupçonnée. Un marteau, emblème de puissance, fut attaché par un fil à une potence suspendue dans les airs. Comme le funambule imprudent marchant sur la corde raide du hasard, mon frère tira avec une force grandissante sur le fil, amenant le marteau au paroxysme de son élan. Puis, comme

un oiseau en cage libéré de ses entraves, il lâcha prise. Le marteau s'abattit alors avec une violence inouïe, comme un éclair fracassant, trouvant refuge sur le sommet vulnérable de mon crâne. Une douleur indescriptible me transperça, éveillant en moi la conscience d'une fragilité qui jusque-là demeurait insoupçonnée à travers le temps.

. Le voile sombre de l'incertitude flottait insidieusement sur les ailes de mon enfance. Après l'incident du marteau, les fragments épars de mon être semblaient se désaccorder, frémissant sous l'emprise d'un étrange déséquilibre. Les prémices de mon parcours éducatif se parèrent d'une teinte mélancolique. La première fois que je m'aventurai dans les dédales de l'école, l'angoisse s'empara de moi tel un spectre invisible. Les rires innocents des enfants qui m'entouraient se muaient en échos assourdissants, nourrissant mes peurs les plus profondes. L'école, ce lieu de savoir et d'épanouissement pour beaucoup, devint pour moi le théâtre d'une appréhension douloureuse, peuplée de visages inconnus et d'un monde trop vaste à apprivoiser.

. Comme un voyageur solitaire, j'avançais sur les sentiers sinueux de mon parcours scolaire, portant le fardeau d'une chronologie décalée. Avec un an de retard, je fis mon entrée dans les salles de maternelle, où mes pas hésitants s'alignaient avec ceux des bambins bien plus jeunes. Dès lors, les contours de ma destinée se dessinaient en de sombres teintes d'échecs. Les bancs de l'école devinrent des confins hostiles où ma nature rebelle et insaisissable se heurtait à l'immuabilité des connaissances à assimiler. À l'aube de mes douze ans, alors que mes aspirations cherchaient refuge dans les enceintes des lycées français, la dure réalité vint frapper à ma porte. Contraint par les contingences de mon âge, je me vis contraint d'amorcer ma sixième année d'études dans un lycée marocain. Un nouveau chapitre se dessinait, plongeant mon esprit avide dans les méandres d'une adaptation nécessaire, où les codes et les coutumes se mêlaient avec subtilité à mes aspirations occidentales.

.. Dans les méandres troublés de mes souvenirs, une séquence sombre et tumultueuse émerge, où les flammes de l'adolescence s'embrasent dans un déchaînement de chaos. Un jour funeste, les murmures de la révolte se répandirent tels des brasiers ardents au sein de notre lycée. Les raisons précises s'évanouissent dans l'obscurité du temps, ne laissant que les stigmates de la violence et de la confusion.

Les élèves, animés par une fougue inextinguible, se dressèrent contre l'ordre établi, comme une tempête incontrôlable qui déferle sur les rivages de l'éducation. Dans les salles de classe, les couloirs labyrinthiques, les symboles d'apprentissage furent détournés en instruments de destruction. Les échos tumultueux des heurts résonnèrent, mêlant cris de rébellion et bruits fracassants de mobilier désarticulé.

Tables et chaises, autrefois témoins silencieux des échanges intellectuels, s'élevèrent dans l'air en une danse chaotique, volant en éclats tels des étoiles filantes éphémères. La violence physique se mêla à la fureur des esprits embrasés, engendrant une véritable tempête d'anarchie.

La tragédie atteignit son paroxysme lorsque les forces de l'ordre firent leur apparition, cherchant à rétablir un semblant de calme dans cette mêlée frénétique. Pris de panique face à cette marée d'émotions dévastatrices, mon être frémissant de terreur s'enfuit de l'école, cherchant refuge dans l'abîme d'une fuite éperdue. Le traumatisme de cet événement imprégné d'une pure folie laisserait une cicatrice indélébile dans les recoins les plus sombres de mon être.

...

Après le séisme scolaire qui secoua mon existence, mon esprit frémissant refusa catégoriquement de replonger dans les méandres de ce lycée maudit. Face à ce rejet ardent, mes parents, guidés par un désir de préservation, me dirigèrent vers un établissement d'une nature différente, un lycée catholique empreint de mystères séculaires. C'est ainsi que je franchis les portes de cette institution, où les messagers de Dieu, revêtus de soutanes sombres, conféraient aux murs une aura sacrée.

Pendant trois années tourmentées, je traversai les couloirs de cet établissement sans jamais m'abreuver des enseignements du catéchisme. Mon refus de me plier aux dogmes religieux fut perçu comme une dissension impie par les regards scrutateurs des hommes d'Église. Même la religion, avec ses rituels solennels et ses symboles sacrés, ne parvint pas à apaiser les tumultes qui agitaient mon âme.

La peur s'emparait de moi lorsque je me trouvais face à la majesté des églises, ces monuments imposants dédiés à la vénération divine. Les dogmes et les préceptes de la foi semblaient autant de chaînes pesantes, enserrant mon esprit en une prison d'appréhensions.

...

À l'approche imminente de la solennelle communion, une tension grandissante s'empara de mon être. Les premières lueurs de l'aube blanche, symbole de pureté et de renouveau, éveillaient en moi des pensées obsédantes, étrangement teintées de la sombre contemplation de la mort. Les recoins de mon esprit se perdaient dans les méandres d'une angoisse irrationnelle.

Ainsi, lorsque je pénétrais les portes de l'église, des vagues de panique s'emparaient de moi, secouant mon être dans des spasmes de folie incontrôlable. Les crises frénétiques m'enveloppaient telles des serres avides, me reléguant au seuil d'un abîme terrifiant. La simple idée de participer à cette consécration sacrée, à cette communion avec l'énigmatique divinité, semblait me conduire vers un destin funeste.

Contre toute attente, je refusai catégoriquement de participer à cet acte de consécration. Au sein de tout un lycée empreint de ferveur religieuse, je demeurai l'unique élève à faire défection, refusant d'embrasser ce rituel sacré. L'étonnement et la consternation se dessinèrent sur les visages perplexes des hommes d'Église, tandis que leurs esprits se heurtaient aux murs insondables de mon refus.

L'immensité du jugement, de la perplexité et de la réprobation se dévoilait devant moi, faisant de moi l'énigmatique protagoniste d'une histoire singulière, prisonnier des mystères impénétrables de mon être tourmenté.
Dans les dédales sombres de mon chemin éducatif, les prêtres déployèrent leur courroux à mon encontre, tels des prédateurs en quête d'une proie vulnérable. Chaque fois que leur voix résonnait dans la classe, le poids des moqueries s'abattait sur mes épaules, dévoilant ma fragilité à la face du monde. Comme un arbre frappé par la tempête, je tremblais inlassablement, secoué par des tremblements insaisissables qui faisaient écho à l'humiliation publique qui m'était infligée.

Devant le tableau noir, symbole de savoir et d'exposition, j'étais la cible des railleries, des sarcasmes cinglants qui résonnaient dans les rires cruels des autres élèves. Chaque marque de craie sur la surface sombre était comme une cicatrice supplémentaire, venant entacher ma confiance déjà vacillante. Ma voix se perdait dans le vacarme assourdissant des rires, et mes notes scolaires, autrefois empreintes d'espoir, sombrèrent dans les abysses de la catastrophe.

Les flèches acérées de l'opprobre clouaient mes aspirations au sol, érodant peu à peu ma détermination, tandis que les prêtres, gardiens des préceptes et des enseignements divins, semblaient dévoués à ma chute. La violence de leur persécution laissait des traces indélébiles dans le paysage dévasté de mon être, comme une épreuve supplémentaire dans cette danse macabre avec l'éducation et la foi.

...

Dans l'ombre oppressante des épreuves endurées au sein de ce lycée catholique, un mal insidieux s'insinua dans les recoins fragiles de mon être. Les premières frémissements de l'angoisse se matérialisèrent sous la forme de crises de panique, ces tempêtes furieuses qui prennent d'assaut le corps et l'esprit sans répit.

Le battement effréné de mon cœur résonnait telle une symphonie discordante, s'emparant de chaque fibre de mon être avec une intensité croissante. Une étreinte invisible, semblable à celle d'un étau implacable, comprimait ma poitrine, étouffant mes respirations hâtives. Les frontières de la réalité se brouillaient, et mes pensées se perdaient dans un tourbillon infernal, exacerbant l'horreur de ces moments d'égarement.

Telle une marionnette aux fils invisibles, j'étais à la merci de ces accès de terreur dévorants, où le contrôle échappait à toute raison. Les crises de panique se jouaient de moi, me précipitant dans des abîmes d'effroi et de confusion, comme si le monde tout entier s'effondrait sous mes pieds fragiles.

Ces épisodes dévastateurs vinrent marquer ma vie d'une empreinte indélébile, transformant chaque instant en un combat incessant contre mes propres démons intérieurs. Les chaînes invisibles de la panique enchevêtrèrent mes pas, teintant mes journées d'une anxiété persistante, d'un incessant sentiment d'insécurité face à l'imprévisible.
Comme un navire rejeté par des flots tumultueux, j'étais brutalement éjecté de ce lycée catholique, mes pas me menant vers une destination bien différente. Mes parents, cherchant une alternative à mon parcours chaotique, m'inscrivirent dans un lycée professionnel, où les chemins des élèves en détresse se croisaient.

Cette institution, surnommée à demi-mots "l'école des cancres", était le dernier refuge pour ceux qui avaient connu l'échec ailleurs. Les murs défraîchis témoignaient des batailles incessantes qui animaient les couloirs, tandis que l'atmosphère lourde était imprégnée d'une tension palpable. Parmi mes pairs se trouvaient des âmes tumultueuses, des individus au passé trouble qui portaient fièrement leur image de "bandits".

Les épées de Damoclès se matérialisaient sous la forme de couteaux dissimulés, qui étaient exhibés avec une audace effrayante dans les salles de classe. Les démons intérieurs de ces élèves en quête de rédemption se manifestaient par une propension à la violence, transformant cet établissement en un théâtre où se jouaient des drames aux destins incertains.

Dans cet univers chaotique, où les masques de la résignation étaient arborés avec fierté, je tentais de trouver ma place, un équilibre précaire entre la nécessité de me protéger et l'espoir d'une nouvelle voie à tracer. Les limites entre la noirceur et la lumière s'estompaient, révélant l'immensité des défis qui se dressaient devant moi..

...

Dans cet abîme lugubre qu'était ce maudit lycée, une lourdeur oppressante s'abattait sur mes épaules, exacerbant mon complexe d'infériorité face à mes semblables. Enfermé dans une solitude douloureuse, je me sentais comme un être désemparé, condamné à errer dans les recoins sombres de ma propre existence. Les autres élèves, semblant détenir une force inébranlable, m'apparaissaient comme des colosses, dont la supériorité me blessait de manière insidieuse.

Tapi dans l'ombre de ma propre insignifiance, je me repliais sur moi-même, m'isolant dans un coin reculé, comme pour échapper à ce monde qui me semblait hostile. Les échos de leurs rires et de leurs conversations vibrantes me parvenaient comme des rappels constants de ma propre inadéquation, creusant davantage le fossé qui me séparait de ces êtres rayonnants.

Le verdict implacable tomba lorsque les résultats des examens se révélèrent être une sombre défaite pour moi. Mes espoirs s'évaporèrent dans un nuage de désillusion alors que je contemplais le revers cruel du destin : l'échec cuisant du BEPC, une pierre supplémentaire à mon édifice de désespoir. Ironie cruelle du sort, les autres cancres qui partageaient mon parcours chaotique avaient réussi là où j'avais échoué.

Dans cet océan de déceptions, je m'enlisais, noyé par mes propres démons intérieurs, cherchant désespérément une lueur d'espoir pour éclairer ma route sombre et tortueuse.

... Ainsi, dans une spirale implacable de désillusions et d'échecs, les portes du lycée se refermèrent définitivement sur moi. Dépassant allègrement la barre des vingt ans, les horloges impitoyables avaient décrété la fin de mon parcours éducatif. Les études, autrefois source d'espoir et d'opportunités, semblaient maintenant relever d'un passé révolu, abandonné sur les rives tumultueuses du temps.

La certitude amère de cette conclusion prématurée pesait lourdement sur mes épaules, comme une sentence irrévocable qui résonnait dans le silence écrasant de mon être. Les sentiers qui s'offraient à moi semblaient soudainement étriqués, dénués de perspectives radieuses. Les rêves que j'avais autrefois caressés avec détermination semblaient s'évanouir dans les brumes du renoncement.

Tandis que mes camarades embrassaient l'avenir avec enthousiasme, je me retrouvais confronté à une réalité douloureuse, où les portes semblaient se refermer les unes après les autres, m'obligeant à affronter la solitude et l'incertitude. Les remparts de l'éducation s'étaient dressés contre moi, me laissant dans une position précaire, à la recherche d'une nouvelle voie à emprunter dans les méandres imprévisibles de la vie.

... Ainsi, dans l'étau des circonstances et des destins entrelacés, mon père prit la décision déterminante de m'orienter vers l'atelier de fabrication mécanique détenu par notre patriarche paternel, dans les rues animées de Casablanca. C'était là un héritage familial, un royaume d'engrenages et d'acier où presque tous les fils, y compris mon père, avaient trouvé leur place et façonné leur existence.

Sous le poids des réalités incontournables, je me retrouvai face à une destinée tracée par d'autres, une voie qui s'imposait à moi sans laisser de place à l'alternative. Les échos des machines vrombissantes et le ballet gracieux des outils manuels se mêlaient dans l'atmosphère empreinte d'huile et de sueur, révélant l'essence même de cet atelier comme un sanctuaire dédié à l'artisanat et à la création.

Contraint par les fils tissés par les générations qui m'avaient précédé, je me plongeai dans cet univers de mécanique et de technique, cherchant à apprendre les secrets enfouis entre les rouages de ce métier ancestral. L'odeur de métal chauffé et le ballet des gestes précis devinrent mon quotidien, tandis que les murmures des anciens résonnaient dans les murs, comme une symphonie silencieuse des savoirs transmis de génération en génération.

Dans les méandres de cet atelier, je cherchai ma propre place, espérant que les étincelles d'inspiration et de créativité trouveraient écho en moi. Alors que je m'engageais sur cette nouvelle voie, les limites du possible s'élargissaient, laissant entrevoir des horizons insoupçonnés au-delà des frontières étroites de mon passé éducatif tourmenté.

..

Ainsi, les années se sont écoulées, ponctuées par le rythme incessant du labeur au sein de cette entreprise qui avait forgé mon existence. Telle une sentinelle fidèle, j'ai investi mon temps et mon énergie, façonnant ma vie au gré des machines et des projets qui prenaient vie entre ces murs chargés d'histoire.

Les jours ont succédé aux nuits, les saisons se sont écoulées, et j'ai vu les visages changer, les générations se succéder dans cette ruche industrielle où se tissaient les fils de notre destin collectif. J'ai connu les défis et les triomphes, les épreuves et les victoires, participant à l'œuvre commune de cette société, où chaque pièce assemblée, chaque idée concrétisée, contribuait à ériger notre héritage.

Cependant, le destin est parfois capricieux, et les écueils se dressent parfois sur le chemin que nous avons tracé avec tant de persévérance. L'écho des difficultés économiques et des turbulences financières a finalement résonné dans notre entreprise, faisant vaciller les fondations solides sur lesquelles nous avions bâti tant d'espoirs.

Le douloureux constat de la faillite s'est abattu sur nous telle une vague déferlante, emportant avec elle nos rêves et nos certitudes. Les machines se sont tues, les portes se sont fermées, et j'ai dû faire face à la réalité déchirante d'un avenir incertain, dépourvu de cette routine familière qui avait structuré ma vie pendant tant d'années.

Au milieu des décombres de cette entreprise chère à mon cœur, j'ai dû trouver la force de me relever, de réinventer ma trajectoire, et d'explorer de nouveaux horizons inconnus. L'expérience acquise et les compétences forgées au fil des ans sont devenus mes compagnons fidèles, prêts à être déployés dans de nouvelles aventures qui se dessinaient à l'horizon.

Ainsi, comme une plume portée par le vent de la réinvention, je me suis lancé à la recherche d'un nouveau chapitre à écrire, où les leçons apprises et les cicatrices du passé se mêleraient aux promesses d'un futur encore à écrire. Car la vie, malgré ses détours imprévisibles, recèle toujours la possibilité de se réinventer et de trouver une nouvelle voie vers l'épanouissement.

..

Entre l'âge béni de vingt et vingt-trois ans, un éclat insouciant et une jeunesse flamboyante ont illuminé ma vie de leurs rayons enchanteurs. À cette époque, je me trouvais affublé d'une beauté qui suscitait l'admiration, et ma présence semblait charmer la gent féminine, comme une mélodie envoûtante qui attirait les cœurs vers moi.

Le reflet que le miroir me renvoyait était empreint d'une harmonie éclatante, les traits de mon visage incarnaient la symétrie parfaite, tandis que mon allure conférait une élégance naturelle à chacun de mes mouvements. Cette combinaison fortuite de charisme et de grâce m'ouvrait les portes de l'attention et de l'affection des femmes qui croisaient ma route.

Les ruelles animées se transformaient en scènes de séduction où je me frayais un chemin, envoûtant les regards par ma prestance et captivant les âmes par ma verve. Les conquêtes amoureuses s'enchaînaient, telles des étoiles filantes illuminant ma trajectoire, offrant un kaléidoscope d'expériences passionnées et de souvenirs précieux qui coloraient mon existence.

Dans ces années bénies, l'amour était un jeu délicieux auquel je participais avec une aisance troublante. Les regards complices, les sourires charmeurs, les rendez-vous insouciants parsemaient mon quotidien, élevant mon esprit vers les sommets de la joie et de la séduction. La romance était ma compagne de route, et chaque interaction avec une nouvelle muse éveillait en moi un feu intérieur qui ne demandait qu'à être embrasé.

Cependant, au-delà des étreintes fugaces et des flammes éphémères, je recherchais aussi une connexion authentique, une union de cœur et d'âme qui transcenderait les frontières du désir. Chaque rencontre était une opportunité de découvrir une part de moi-même à travers le miroir de l'autre, une occasion de partager des instants de vérité et de complicité, même dans l'éphémère.

Ainsi, ces années d'insouciance et de séduction demeurent gravées dans ma mémoire comme un éclat lumineux, une étincelle de jeunesse et de passion qui a contribué à forger l'essence même de mon être. Les conquêtes amoureuses, qu'elles soient fugaces ou durables, ont laissé une empreinte indélébile sur le chemin sinueux de ma vie, révélant l'importance de l'amour et de la connexion humaine dans la quête de sens et de bonheur.

..

Au détour de ces années marquées par l'éclat de la jeunesse, le destin a tissé les fils de ma rencontre avec celle qui allait devenir ma compagne de vie. Une étincelle de connexion s'est allumée lorsque nos regards se sont croisés, révélant en elle une beauté délicate et un charme envoûtant.

Cependant, il convient de souligner que notre rencontre n'a pas été marquée par le coup de foudre fulgurant qui embrase les cœurs et bouleverse les destins. Mon attirance pour elle était teintée d'une appréciation esthétique, reconnaissant sa beauté et son charme sans toutefois ressentir l'irrésistible attraction qui transcende les simples apparences.

Ce constat est d'autant plus marquant lorsque l'on considère mes expériences passées, où mes émotions étaient souvent dévorées par un amour brûlant et fugace, s'évanouissant aussi rapidement qu'il était apparu. Les filles qui avaient su allumer en moi une passion ardente finissaient par me laisser derrière elles, après quelques jours seulement.

Ainsi, cette rencontre avec ma future épouse a revêtu une saveur différente, une approche plus mesurée, presque empreinte de prudence. Au fil du temps, j'ai découvert en elle des qualités qui transcendaient l'éphémère et le superficiel, des aspects de sa personnalité qui m'ont touché au-delà de son apparence physique.

La patience a été ma compagne durant cette période, me permettant de forger une relation solide et authentique avec celle qui allait partager ma vie. Nos sentiments se sont épanouis lentement, cultivant une affection profonde et sincère qui a transcendé les caprices de l'éphémère. C'est ainsi que nous avons construit une fondation solide, bâtie sur la confiance, la compréhension mutuelle et la complicité.

Dans cette histoire, j'ai appris à distinguer l'amour éphémère, qui flamboie intensément avant de s'éteindre, de l'amour véritable, qui grandit avec le temps et se nourrit de la profondeur des émotions partagées. Notre relation est devenue un tissage subtil d'expériences partagées, de joies et de défis surmontés ensemble, créant ainsi une union solide et épanouissante.

Ainsi, au-delà des émois fugaces du passé, j'ai trouvé en ma future femme bien plus qu'une apparence séduisante : une partenaire de vie qui m'accompagnerait dans les joies et les épreuves, une âme sœur qui apporterait stabilité et amour inconditionnel à mon existence.

Le temps, comme un inlassable horloger, avait façonné notre existence en un écrin de routine. Au sein de notre cocon familial, ma femme et moi, nous étions enveloppés d'une douce quiétude, tandis que les années défilaient en cadence régulière. Nous avions accueilli avec joie la venue de notre unique enfant lorsque j'avais vingt-trois ans, insufflant une nouvelle dimension à notre vie.

Cependant, cette harmonie domestique se trouvait parfois troublée par les relations familiales. Les liens étroits entre nos familles respectives, mêlés à des dynamiques complexes, pouvaient transformer nos sorties communes en une expérience épineuse. Les rencontres avec ma propre famille se teintaient parfois d'une tension palpable, et les moments partagés se muaient en un dédale d'émotions tourmentées.

Le poids des attentes familiales et des interactions chargées d'histoire, tel un fardeau difficile à porter, ajoutait une lourdeur à nos échanges. Les querelles, les incompréhensions et les désaccords s'invitaient à nos retrouvailles, obscurcissant l'atmosphère et transformant ces instants de convivialité en une épreuve à affronter. Chaque sortie devenait un défi, un équilibre fragile entre des aspirations divergentes et le besoin de préserver l'harmonie familiale.

Cette situation complexe nous incita à rechercher un équilibre, à définir nos propres limites et à préserver notre intimité au sein de ce tumulte familial. Nous cherchions des échappatoires, des moments d'intimité où nous pourrions nous recentrer, retrouver la sérénité et renouveler nos liens affectifs. Ces instants privilégiés nous permettaient de puiser dans nos réserves d'amour et de compréhension, afin de maintenir notre relation solide malgré les tourments extérieurs.

Ainsi, notre parcours conjugal n'était pas exempt de difficultés et d'obstacles, mais nous avancions, main dans la main, à travers ces épreuves. La routine, bien qu'elle puisse éroder parfois la flamme de l'excitation, nous offrait également la stabilité nécessaire pour bâtir une vie solide et épanouissante. Au sein de ce cocon familial, nous avons appris à apprécier les moments de tranquillité, à trouver la beauté dans les gestes simples du quotidien, et à cultiver un amour profond et durable qui transcende les aléas de la vie.

Ainsi, malgré les difficultés inhérentes à notre environnement familial, nous continuions à tracer notre chemin, guidés par la force de notre (amour)et notre désir d'épanouissement mutuel.

....

Ce jour fatidique, où ma femme n'est pas rentrée chez nous comme à son habitude, s'est élevé comme un orage sombre dans le ciel serein de notre quotidien. L'absence de son sourire chaleureux et de sa présence aimante a teinté l'atmosphère de notre foyer d'une inquiétude grandissante. Les minutes se sont étirées en une longue attente, tandis que les heures s'enlaçaient dans un mystère oppressant.

Les pensées les plus sombres et les scénarios les plus inquiétants ont tourbillonné dans mon esprit tourmenté. Les souvenirs de nos moments partagés, les promesses murmurées à l'oreille, semblaient flotter dans l'air, évanescents et fragiles face à cette réalité troublante. Les questions sans réponse s'enchevêtraient dans un labyrinthe d'angoisses, et l'horloge semblait marquer le tempo effréné de mes inquiétudes grandissantes.

Le cœur lourd, je me suis efforcé de garder espoir, de refuser l'inéluctable, de croire en un simple malentendu ou en une explication rationnelle. Mais plus les heures défilaient, plus l'ombre de l'incertitude grandissait, projetant son voile obscur sur nos rêves brisés et nos projets avortés.

Finalement, le voile de l'incertitude s'est déchiré, laissant entrevoir une réalité dévastatrice. Les mots prononcés avec hésitation, les larmes amères, tout cela a confirmé mes craintes les plus profondes. Ma femme, ma compagne de vie, avait choisi de prendre un chemin différent, de poursuivre son voyage sans moi.

Ce fut un coup porté à mon être tout entier, une douleur lancinante qui s'insinuait dans chaque fibre de mon être. Les souvenirs, jadis si doux, se teintaient désormais d'amertume, et le vide laissé par son départ semblait insurmontable. Les jours se sont enchaînés dans un brouillard de tristesse et de confusion, où chaque instant rappelait la perte déchirante que j'avais subie.

....

Lorsqu'elle franchit la porte à une heure si tardive, elle m'avoua d'une voix douce et empreinte d'une certaine innocence qu'elle avait ressenti le besoin de s'isoler pour réfléchir. Il était peu commun, voire inhabituel, d'entamer de telles méditations à une heure aussi avancée de la nuit, mais cette confession ne faisait que renforcer son mystère et son charme singulier.

.. Mais ce moment d'évasion, avec qui le partageait-elle ? Était-elle seule ou accompagnée d'une amie ? Plus tard, j'appris avec surprise qu'elle se trouvait alors en charmante compagnie, en la présence d'un certain professeur enseignant au même lycée où ma femme travaillait. La nouvelle m'atteignit comme une brise glacée, s'insinuant dans les interstices fragiles de ma confiance et éveillant des soupçons douloureux. Les questions envahissaient mon esprit tourmenté, tandis que je tentais de comprendre les véritables contours de cette rencontre nocturne. Les nuances d'innocence s'estompaient progressivement pour laisser place à une réalité complexe et déroutante.

.. Au lendemain de cette soirée cauchemardesque, une atmosphère tendue et glaciale s'était installée dans notre demeure. Ma femme, comme une étrangère, me tournait le dos, m'ignorant totalement. Ses paroles acérées, empreintes d'une amertume indéniable, se répandirent telles des flammes dévorantes dans mon esprit déjà tourmenté. Elle m'insinua sans détour qu'il était temps de mettre un terme à notre relation, qu'elle avait cessé de m'aimer.

Ces mots, tels des poignards plantés dans mon cœur, semblaient mettre fin à une époque révolue, à un amour qui se désagrégeait sous mes yeux impuissants. La douleur et la confusion m'envahissaient, m'obligeant à affronter une réalité que je redoutais.

....

Je tentais désespérément de saisir les raisons qui avaient conduit à ce désenchantement soudain, cherchant des réponses dans les méandres de mon esprit épuisé. Les fragments de la soirée précédente s'assemblaient, formant un tableau amer de trahison et de déception.

La solitude m'enveloppait alors que je contemplais les ruines fumantes de notre amour, les souvenirs autrefois doux et lumineux se transformant en cendres grises. Je me retrouvais face à un choix douloureux : accepter la fin de notre histoire ou lutter pour la reconquérir, même si cela signifiait affronter les ombres obscures qui se dressaient entre nous.
Après avoir rencontré ce professeur, ma vie tout entière bascula. Je réalisai que j'avais eu tort de croire que mes sentiments envers ma femme étaient purement fondés sur l'amour. En vérité, elle était devenue une partie indissociable de mon être, comme si on m'arrachait le cœur à présent.

La clarté s'imposa dans mon esprit tourmenté, révélant la véritable nature de mon attachement. Ce n'était pas seulement l'amour qui me liait à elle, mais une dépendance profonde, une fusion des âmes qui avait progressivement pris racine au fil des années. Elle était devenue mon essence même, et envisager une vie sans elle semblait inconcevable.

Les illusions s'étaient dissipées, laissant place à une réalité douloureuse et déchirante. Je me rendis compte que nous avions construit notre existence sur des fondations fragiles, sur des notions erronées d'amour et de complétude. Maintenant que ces illusions s'effritaient, il ne restait que le vide et la douleur, comme si une partie essentielle de moi avait été arrachée.

Les jours qui suivirent furent empreints de désespoir et de chagrin. Je me sentais dépossédé de moi-même, errant dans un océan d'émotions contradictoires. Les regrets m'envahissaient, laissant place à une profonde tristesse pour ce que nous avions perdu, pour l'amour qui s'était évanoui entre nos doigts.

Peu à peu, j'appris à reconstruire ma vie, à panser les plaies de mon cœur meurtri. Il me faudrait du temps pour guérir, pour retrouver mon identité au-delà de cette

relation fusionnelle. Et peut-être, un jour, je pourrais trouver un amour véritable, une connexion plus authentique qui ne repose pas sur la dépendance, mais sur la libre communion de deux âmes.
Quelques mois plus tard, dans une suite tragique de cette histoire déjà tumultueuse, ma femme prit notre enfant et s'enfuit en Espagne. C'était un véritable kidnapping, une rupture douloureuse qui laissait un vide abyssal dans ma vie.

La douleur et la colère se mêlaient en moi, comme une tempête dévastatrice qui ravageait tout sur son passage. Les émotions tourbillonnaient, emportant avec elles mes espoirs et mes rêves de famille unie. Mon cœur se brisait à nouveau, cette fois-ci dans un tourbillon de trahison et de désespoir.

Elle avait rejoint son amant, cet homme qui avait été le catalyseur de notre déchéance. Je me sentais impuissant face à cette situation, déchiré entre la volonté de retrouver mon enfant et la réalité implacable de la distance qui nous séparait.

Le système juridique se mettait lentement en marche, mais les procédures semblaient interminables. Les jours se transformaient en semaines, puis en mois, et l'absence de mon enfant se faisait de plus en plus insupportable. Mon cœur de père souffrait de cette séparation forcée, et chaque battement de mon être appelait le retour de mon enfant, le retour de notre famille.

Dans l'obscurité de ces jours sombres, je m'accrochais à l'espoir ténu que la justice serait rendue et que nous serions réunis à nouveau. Mais les nuits étaient longues et silencieuses, peuplées de cauchemars qui me rappelaient sans cesse cette tragédie qui avait englouti notre vie.

J'étais résolu à me battre, à défendre mes droits parentaux avec une détermination féroce. Car au-delà de la douleur et de la trahison, l'amour pour mon enfant était un phare dans l'obscurité, une force qui m'animait et me poussait à surmonter les obstacles qui se dressaient sur notre chemin.

Et ainsi, j'entamai une quête pour retrouver mon enfant, pour restaurer ce qui avait été brisé. Quelle que soit l'issue de cette bataille, je savais au plus profond de moi que l'amour paternel serait une force inébranlable, capable de transcender les frontières et de surmonter les épreuves les plus déchirantes.
Finalement, après huit longs mois de séparation, j'eus l'occasion de revoir mon fils. Cependant, ce ne fut pas à Casablanca comme je l'espérais, mais en Espagne. Ma femme s'opposait catégoriquement à ce que notre enfant se rende au Maroc, ajoutant ainsi une nouvelle dimension à notre déchirement familial.

La retrouvaille avec mon fils fut à la fois un moment de joie intense et de tristesse profonde. Son visage rayonnant et ses bras tendus vers moi m'emplirent de bonheur, mais en même temps, la conscience de cette situation complexe pesait lourdement sur mes épaules. Notre relation père-fils avait été altérée par la distance et les tensions, et nous devions maintenant trouver un nouvel équilibre.

Malgré ces circonstances difficiles, je m'accrochai à chaque instant passé avec mon fils, essayant de créer des souvenirs précieux qui resteraient gravés dans nos cœurs. Nous partagions des moments de complicité, des rires et des confidences, essayant de rattraper le temps perdu autant que possible.

Cependant, une part de moi demeurait inquiète quant à l'avenir de notre relation et à l'impact de cette séparation prolongée sur mon enfant. Les cicatrices émotionnelles étaient encore fraîches, et je savais que la reconstruction serait un processus long et délicat.

Mais j'étais déterminé à tout faire pour préserver le lien avec mon fils, à lui offrir un amour inconditionnel malgré les obstacles qui se dressaient devant nous. J'espérais que, avec le temps, la distance entre nous pourrait se réduire et que nous pourrions retrouver une vie familiale équilibrée.

Dans cette quête, je continuai à me battre pour nos droits, pour établir des arrangements qui garantiraient le bien-être de mon enfant. Je savais que la route serait ardue, mais mon amour pour lui était une force inébranlable qui me poussait à dépasser mes limites et à lutter pour un avenir meilleur.

Ainsi, dans les méandres de cette situation complexe, j'essayais de tisser un fil d'amour et de résilience, espérant que notre famille puisse trouver un chemin vers la guérison et la réconciliation, malgré les distances et les défis qui se dressaient devant nous.

"Une soirée marquante de mes vingt ans, je suis retourné chez mes parents. Alors que je m'installais devant la télévision, mes yeux se sont fixés sur un programme traitant des affres de la folie. Instantanément, une pensée obsédante m'a traversé l'esprit : allais-je sombrer dans la démence ? Un trou noir s'est formé dans les abysses de mon subconscient, un phénomène insaisissable dont je peine encore aujourd'hui à trouver une explication. Malgré mes nombreuses consultations chez des psychiatres émérites, aucune réponse satisfaisante ne m'a été offerte. Je me suis donc résigné à avaler une multitude de médicaments pour apaiser mes crises de panique, mais ce trou noir continue de hanter mes nuits à la tombée du jour."

.. J Après que ma femme et mon fils aient fui, je suis tombé dans une spirale infernale. Abandonné, je me suis noyé dans l'alcool, échouant dans les clubs nocturnes de Casablanca, pour y trouver un semblant de réconfort. Là-bas, j'ai été attiré par la beauté éphémère et artificielle de ces prostituées, qui sous la lueur tamisée de la nuit, s'offraient à moi avec des gestes provocateurs mais malsains. Cependant, le jour levé, la réalité m'apparaissait comme un véritable cauchemar, ces femmes étant loin d'être aussi splendides que je l'avais cru. Incapable de distinguer le réel du fantasme, je me laissais divaguer dans cette ambiance toxique, laissant mon argent s'écouler inutilement, et subissant maintes agressions, phénomènes de vol auxquels je n'étais pas au bout de mes peines. Gangrené par une maladie auto-infligée, je devenais un être indifférent et insensible, livré à mon sort, au gré de mes pulsions. Tantôt victime, tantôt bourreau, mon esprit était tourmenté par les crises d'angoisse et de panique qui m'assaillaient à chaque réveil.

Un samedi après-midi, le soleil déclinait doucement dans le ciel, enveloppant la journée d'une aura apaisante. Je m'étais réjoui d'un repas convivial, partagé avec des amis, mais les excès de la soirée avaient pris le dessus sur ma raison. Mon jugement était altéré lorsque j'ai pris place derrière le volant, sans mesurer les conséquences de mes actes.

En rentrant chez moi, mes gestes étaient hésitants, ma vision floue. Mon esprit embrumé par l'alcool, je n'ai pas vu venir la voiture qui se trouvait devant moi. Dans un bruit sourd et assourdissant, mon véhicule est venu percuter l'arrière de l'autre voiture. Le choc a été violent, déchirant le silence de la rue endormie.

Le conducteur de l'autre véhicule est sorti précipitamment, le visage crispé par la colère. Il m'a lancé des reproches cinglants, ses mots empreints d'une justifiée frustration. Incapable de contrôler ma propre agressivité, j'ai répondu avec une vulgarité malsaine, exacerbant la tension qui régnait déjà entre nous.

La situation a rapidement dégénéré. Le conducteur blessé et furieux a appelé la police, qui est arrivée rapidement sur les lieux. Un agent, arborant son uniforme avec une autorité bienveillante, m'a demandé de l'accompagner au commissariat central. Les mains tremblantes, je me suis résigné à suivre cet homme en uniforme, conscient que mes actes avaient des conséquences.

Arrivé au commissariat, les murs froids et austères semblaient refléter la gravité de ma situation. L'interrogatoire a débuté, les questions pointues mettant en évidence ma négligence et ma faute. Le policier a détecté rapidement l'odeur d'alcool qui émanait de moi, un rappel amer de ma conduite irresponsable.

Les heures ont passé, et la nuit a englouti le monde extérieur. J'ai été placé en détention provisoire, confiné dans une cellule exiguë où l'air était lourd et étouffant. Une dizaine d'individus, tous aux histoires différentes mais avec un point commun, se trouvaient là, allongés sur le sol dur et froid. La réalité de ma situation m'a frappé de plein fouet, et un sentiment de désespoir a envahi mon être.

.. Le lundi, le jour tant redouté est arrivé. J'ai dû comparaître devant le tribunal pour répondre de mes actes irresponsables. Mon cœur battait la chamade, mes mains moites témoignant de mon anxiété grandissante. Le poids de mes actions se faisait de plus en plus lourd sur mes épaules.

Dans cette salle solennelle, les regards scrutateurs des juges semblaient pénétrer au plus profond de mon être, révélant toutes les failles de mon comportement. Les témoignages ont été entendus, les preuves exposées avec une objectivité implacable. Je ne pouvais me cacher derrière aucun mensonge ni excuse. La vérité nue me frappait de plein fouet.

La sentence est tombée, impitoyable dans sa justesse. Un retrait de permis d'une année. Le bruit du marteau du juge résonnait dans mes oreilles comme un coup assourdissant, confirmant la réalité de ma nouvelle réalité. Un tourbillon de désespoir a envahi mon être. Je n'aurais jamais imaginé ma vie sans voiture.

La voiture était pour moi bien plus qu'un simple moyen de transport. Elle représentait la liberté, l'indépendance, la possibilité de parcourir le monde à ma guise. Elle était le symbole de mes envies d'évasion, de mes escapades spontanées. Mais maintenant, elle était arrachée de ma vie, me laissant avec un vide immense.

Les jours qui ont suivi ont été teintés de tristesse et d'amertume. Je me sentais prisonnier de ma propre situation. Les trajets en transports en commun, les demandes d'accompagnement auprès de mes proches, tout cela me rappelait en permanence ma perte d'autonomie. Chaque fois que je croisais une voiture sur la route, une pointe de jalousie m'envahissait.

Pourtant, à travers ce tourment, une prise de conscience s'est progressivement installée. J'ai réalisé que ma dépendance à l'égard de la voiture avait obscurci ma vision des possibilités qui s'offraient à moi. J'ai commencé à explorer d'autres modes de transport, à apprécier les avantages de la marche, du vélo et même des transports en commun.

Dans cette période de privation forcée, j'ai découvert de nouvelles facettes de ma ville, des détails que je n'aurais jamais remarqués depuis le volant. J'ai renoué avec la spontanéité des rencontres, des échanges avec les autres voyageurs. J'ai appris la patience et l'adaptabilité, des qualités qui semblaient s'effacer dans l'ivresse de la vitesse.

Ce retrait de permis, bien que pénible à vivre, m'a offert une opportunité de réflexion profonde sur ma relation avec la voiture et sur mes responsabilités en tant que conducteur. J'ai pris conscience de l'importance de la prudence et du respect des règles de conduite, non seulement pour ma propre sécurité, mais aussi pour celle des autres.

Aujourd'hui, bien que la voiture me manque par moments, je suis reconnaissant de cette leçon de vie qui m'a été imposée. J'ai appris à voir au-delà des objets

Peu après, j'ai rencontré plusieurs jeunes femmes, mais l'une d'entre elles a capturé mon cœur. Notre histoire d'amour, hélas, n'a pas résisté aux épreuves, principalement à cause de mes démons alcoolisés. Cette relation intense n'a duré qu'un an, mais elle a laissé une empreinte indélébile dans ma mémoire.

Un soir, alors que nous séjournions dans un hôtel pittoresque du nord du Maroc, nous avons été emportés par l'atmosphère enivrante du lieu. Après avoir partagé quelques verres, laissant les flammes de l'alcool danser au creux de nos âmes, j'ai commis une erreur fatale. La passion du football s'est emparée de moi et j'ai succombé à la tentation d'aller regarder un match dans le salon de l'hôtel, laissant derrière moi celle qui occupait mes pensées.

Dans l'obscurité de cette chambre solitaire, elle a dû se sentir abandonnée, trahie par mon manque de présence. Les voix des supporters résonnaient dans le hall, tandis que je m'enfonçais dans l'euphorie du jeu. Les minutes s'étiraient, laissant le silence s'installer entre nous, exacerbant les fissures déjà présentes dans notre relation fragile.

Quand je suis revenu, porté par une euphorie footballistique, j'ai trouvé la porte de la chambre entrouverte. L'air était lourd de reproches muets. Les mots ne pouvaient exprimer la douleur qui m'envahissait alors que je réalisais l'ampleur de ma négligence. Elle était partie, emportant avec elle ses espoirs et ses rêves brisés, me laissant face à mes démons alcoolisés et à ma solitude désormais plus profonde que jamais.

Depuis ce jour, je porte en moi le poids du regret et de la peine. Ce soir-là, j'ai appris une leçon amère sur la fragilité des relations, sur l'importance d'être présent et attentif à ceux que l'on aime. Mon chemin depuis lors a été marqué par une lutte constante contre mes dépendances, une quête pour devenir une meilleure version de moi-même, pour être enfin digne de l'amour véritable.

Ce souvenir, gravé dans les recoins de ma mémoire, est à la fois une cicatrice et un rappel constant de l'impact de nos choix sur les personnes que nous chérissons. Il me pousse à cultiver la sobriété, la compassion et l'engagement, dans l'espoir de rencontrer un jour quelqu'un qui acceptera mon passé tumultueux et m'aidera à bâtir un avenir empreint d'amour et de guérison.

Dans ma quête pour guérir mes blessures et trouver l'amour véritable, j'ai croisé le chemin d'une autre femme, une âme marquée par le destin cruel. Cette rencontre était à la fois une lueur d'espoir et un rappel des défis qui m'attendaient.

Elle portait en elle les stigmates d'une vie difficile, ayant été confrontée à la tragédie du suicide de son mari, devant leurs enfants innocents. Un drame qui résonnait profondément en moi, me rappelant la fragilité de la condition humaine et les conséquences dévastatrices de nos actes les plus désespérés.

Pourtant, malgré la compassion que je ressentais pour elle, nos similitudes en matière d'alcool et de comportements autodestructeurs semblaient s'entremêler dans une danse destructrice. Lors de nos soirées en boîte de nuit, elle succombait aux plaisirs éphémères et se lançait dans une séduction effrénée envers d'autres hommes, indifférente à la douleur qu'elle me causait.

Ces nuits tumultueuses étaient souvent marquées par des scènes de confrontation, des bagarres impulsives qui éclataient dans un mélange d'alcool, de jalousie et de désespoir. La violence de ces moments contrastait avec l'amour et la tendresse que nous pouvions partager dans nos instants de lucidité, créant un tourbillon émotionnel déchirant.

J'en suis venu à me demander pourquoi je restais attaché à cette relation toxique, où la douleur semblait être le prix à payer pour des moments fugaces de bonheur. Étais-je devenu masochiste, condamné à répéter les mêmes schémas destructeurs encore et encore ?

Peut-être étais-je simplement en quête d'un amour qui me défierait, qui me pousserait à me confronter à mes démons intérieurs et à surmonter mes faiblesses. Peut-être avais-je encore besoin de ces épreuves pour me guider vers la guérison et la rédemption.

Mais au fond de moi, je savais que cette relation ne pouvait pas durer. Les cicatrices émotionnelles et les comportements autodestructeurs étaient un rappel constant de la nécessité de me libérer de ces chaînes qui m'entravaient. Je devais trouver la force de m'aimer moi-même suffisamment pour me libérer de cette spirale néfaste et chercher un amour plus sain, plus épanouissant.

Ainsi, j'ai dû prendre la décision difficile de m'éloigner de cette femme tourmentée, de dire adieu à une histoire qui aurait pu être, mais qui n'était pas destinée à être. Le chemin vers la guérison était encore long, mais j'avais l'espoir de pouvoir un jour me libérer de mes démons, de trouver un amour qui apaiserait mes blessures et m'insufflerait une nouvelle vie.

En fin de compte, j'ai appris que le véritable amour ne devrait pas être synonyme de douleur et de destruction. Il devrait être un phare de lumière dans les moments sombres, une force qui nous élève et nous aide à devenir la meilleure version de nous-mêmes. J'ai continué à marcher sur cette voie, cherchant l'amour qui transcenderait mes luttes, et je suis resté convaincu qu'un jour, je trouverai enfin la paix dans les bras de l'amour véritable.

Les moments les plus précieux de ma vie étaient ceux que je partageais en compagnie de mon frère, un être cher qui me manque terriblement. Nos escapades en week-end, où nous partions à la recherche de truites dans les lacs de montagne de l'Atlas, demeurent gravées à jamais dans ma mémoire. Ces instants étaient magiques, emplis de joie et de complicité, créant des souvenirs inoubliables.

Dans les sentiers sinueux des montagnes, nous étions seuls face à la majesté de la nature. Les ruisseaux chantants et les cimes enneigées étaient notre toile de fond, tandis que nos cannes à pêche se balançaient gracieusement dans les eaux claires. Chaque prise, chaque combat avec une truite était une victoire à savourer ensemble, remplissant nos cœurs d'une exaltation sans pareille.

Les moments de calme après nos longues journées de pêche étaient tout aussi précieux. Assis près du feu de camp, les flammes dansantes créant une ambiance chaleureuse, nous partagions des histoires, des rires et des confidences. C'était dans ces instants simples que nos liens fraternels se renforçaient, que nos âmes se trouvaient et se comprenaient au-delà des mots.

Hélas, depuis que mon frère nous a quittés, ces sorties en montagne n'ont plus la même saveur. Ma sœur et mes cousins sont présents, essayant de combler le vide laissé par son absence, mais rien ne peut remplacer sa présence unique et irremplaçable. Chaque fois que nous marchons sur ces sentiers familiers, chaque truite qui mord à l'hameçon, je ressens une douce amertume, une nostalgie qui s'immisce dans la beauté des paysages.

Pourtant, je sais que mon frère serait heureux de savoir que nous continuons ces escapades en son honneur. Dans ces moments partagés avec ma famille, je peux ressentir sa présence subtile, son amour qui persiste dans l'air. Et bien que la sensation ne soit pas tout à fait la même, ces sorties sont une façon de perpétuer notre héritage fraternel, de trouver du réconfort et de l'apaisement dans les souvenirs que nous avons partagés.

Je suis reconnaissant d'avoir eu la chance de vivre ces moments inoubliables avec mon frère. Ces escapades en montagne ont forgé des souvenirs qui illuminent mes jours sombres, me rappelant l'importance de chérir les moments de bonheur et de les partager avec ceux qui comptent le plus. Et même si la douleur de son absence demeure, je garde l'espoir de retrouver, ne serait-ce qu'un instant, la même sensation de plénitude que nous avions lorsque nous étions réunis, pêchant la truite dans les lacs de montagne de l'Atlas.

L'un des souvenirs les plus beaux et marquants de ma vie, bien qu'ils soient rares, se déroule lors d'une expédition de pêche à la truite sauvage dans un lac de montagne situé dans le haut Atlas, à une altitude de trois mille mètres. Ce voyage était une aventure partagée avec mon père, mon frère et mes cousins.

La route jusqu'au lieu de pêche était ardue, les voitures ne pouvant pas accéder à cet endroit reculé. Nous avons donc laissé les véhicules derrière nous et les guides nous attendaient avec huit mules pour nous accompagner. Les montagnes majestueuses se dressaient devant nous alors que nous nous aventurions vers l'inconnu. Après cinq heures de marche à travers les sentiers escarpés, nous avons enfin découvert ce lac magnifique appelé Tamda, avec ses eaux cristallines, une véritable merveille de la nature.

Une fois arrivés, notre campement a été rapidement installé. Nous étions impatients de nous lancer dans la pêche de ces truites sauvages tant attendues. Les sensations que nous avons ressenties étaient bien au-delà de nos attentes. Chaque prise était une victoire, chaque instant passé au bord du lac était empreint d'une excitation indescriptible. La nature sauvage qui nous entourait, l'air pur des montagnes et la beauté du lac ont ajouté une dimension de magie à cette expérience.

La nuit est tombée, et soudain, un orage violent a éclaté. Les éclairs illuminant le ciel sombre et le vent furieux s'abattant sur nos tentes ont créé une ambiance à la fois effrayante et époustouflante. Les éléments se déchaînaient autour de nous, mais malgré la tempête, nous étions fascinés par la grandeur de la nature. Je me suis retrouvé sans abri, ma tente ayant été emportée par le vent. J'ai passé le reste de la nuit à la belle étoile, ou plutôt sous le léger répit de l'orage.

Bien que la situation aurait pu sembler inconfortable, j'étais émerveillé par la beauté du ciel étoilé au-dessus de moi. Les éclats intermittents des étoiles filantes traversaient l'obscurité, comme des promesses d'espoir et d'aventure. Je me suis senti en symbiose avec la nature, comme si j'étais réellement connecté à quelque chose de plus grand que moi.

Ce souvenir, malgré ses hauts et ses bas, reste gravé dans mon cœur. Il représente l'esprit d'aventure, le lien profond avec la nature et les moments partagés avec mes proches. Ces instants fugaces, où nous nous éloignons de notre quotidien pour explorer les merveilles du monde, sont les joyaux précieux qui illuminent nos existences.

Ce voyage de pêche dans les montagnes de l'Atlas a été bien plus qu'une simple expédition. C'était une expérience qui nous a rappelé l'importance de s'émerveiller devant la beauté de la nature, de vivre l'inattendu Je me sens écrasé par un poids invisible qui pèse sur moi chaque jour. Je suis un homme déprimé, triste et malheureux, et je me demande souvent pourquoi la vie m'a choisi pour porter un fardeau si lourd. Je me réveille le matin avec un sentiment de vide dans le cœur, comme si toutes les couleurs du monde s'étaient évanouies pendant la nuit.

Je me demande pourquoi je ne peux pas être comme les autres, pleinement heureux et épanoui. Les sourires des autres semblent me narguer, me rappelant constamment ce que je ne peux pas ressentir. La joie et la légèreté sont devenues des étrangères pour moi, et je suis condamné à errer dans les ombres de ma propre tristesse.

Les moments qui étaient autrefois des sources de bonheur sont maintenant des rappels constants de ma propre incapacité à les apprécier. Les rires résonnent comme des échos lointains dans mon esprit tourmenté, me laissant un sentiment d'amertume et de regret. Je regarde les autres avancer dans leur vie, tandis que je suis coincé dans un état perpétuel d'obscurité.

Chaque jour, je lutte pour trouver un sens à ma propre existence. La moindre tâche quotidienne semble être une montagne insurmontable à gravir. Les sourires forcés que j'affiche en public ne sont que des masques fragiles dissimulant la douleur qui ronge mon âme. Je m'en veux d'être ainsi, de ne pas pouvoir trouver la force de me relever.

La vie m'a volé mon éclat, ma capacité à ressentir le bonheur authentique. Les moments de bonheur fugace sont suivis d'une chute encore plus profonde dans les profondeurs de ma tristesse. J'en veux à la vie de m'avoir privé de cette joie simple et pure.

Dans mon désespoir, je me sens souvent isolé et incompris. Les mots réconfortants des autres résonnent creux à mes oreilles, incapables de pénétrer la carapace de tristesse qui m'entoure. Je me demande si quelqu'un peut réellement comprendre la profondeur de ma souffrance.

Mais malgré tout cela, je sais qu'il y a une lueur d'espoir enfouie quelque part en moi. Peut-être qu'un jour, je trouverai la force de me battre contre les ténèbres et de reprendre le contrôle de ma vie. J'aspire à retrouver la paix intérieure et à goûter à nouveau à la douce saveur du bonheur.

Pour l'instant, je suis cet homme déprimé, triste et malheureux qui en veut à la vie. Je me bats chaque jour pour trouver un sens, un rayon de lumière qui me guidera vers un avenir meilleur.
Je ressens une peur paralysante face aux autres, une crainte profonde du monde qui m'entoure. Chaque interaction sociale est une épreuve qui me plonge dans une angoisse insoutenable. Je suis terrifié à l'idée d'être jugé, rejeté ou blessé par les autres, ce qui m'amène à me replier sur moi-même.

La vie elle-même m'effraie, car elle est imprévisible et remplie d'incertitudes. Je me demande constamment ce que le destin me réserve et si je serai capable de faire face aux épreuves qui se présenteront à moi. Cette peur m'étouffe, me laissant souvent paralysé, incapable de prendre des risques ou de m'aventurer hors de ma zone de confort.

L'amour est un territoire particulièrement effrayant pour moi. J'ai peur de m'ouvrir à quelqu'un, de me laisser vulnérable et exposé à la possibilité d'être blessé. La perspective d'être rejeté ou abandonné me remplit d'appréhension, me poussant à garder mes distances et à me prémunir contre toute forme d'attachement émotionnel.

Même l'ennui me terrifie, car il représente un vide qui semble impossible à combler. J'ai peur de l'inactivité, de ne pas avoir suffisamment de distractions pour occuper mon esprit. L'idée de faire face à ma propre solitude et à mes pensées les plus sombres est une source d'angoisse constante.

Cette peur généralisée imprègne chaque aspect de ma vie, limitant mes possibilités et me maintenant dans un état de méfiance perpétuelle. Je voudrais pouvoir surmonter ces peurs, trouver le courage de m'ouvrir aux autres, d'explorer le monde et d'embrasser les opportunités qui se présentent à moi. Mais pour l'instant, la peur est mon compagnon constant, et je me sens pris au piège dans cette spirale de crainte.

Un soir, juste avant notre séparation définitive, un collègue de ma femme est venu lui rendre visite. Nous avons sorti les bouteilles de digestifs et, dans leur conversation, ils se sont mis à parler de son futur amant qui, entre-temps, était devenu directeur du lycée. J'écoutais avec un sentiment de haine et de tristesse. Les éloges sur l'amant de ma femme me torturaient l'esprit.

Une fois que le collègue est parti, nous nous sommes disputés violemment. Sous l'effet de l'alcool, j'ai perdu le contrôle et balancé toutes les bouteilles qui se trouvaient sur la table du salon. Malheureusement, un éclat de verre a blessé le visage de ma femme, faisant jaillir le sang. J'étais terrifié, ne sachant pas quoi faire. Finalement, elle m'a demandé de l'emmener à la clinique.

Mon fils, elle et moi avons pris la voiture. En cours de route, j'ai ressenti le besoin de m'arrêter et de sortir de la voiture. Ma femme et mon fils se sont mis à hurler, me suppliant de remonter. "Papa, remonte ! Papa, ne t'en va pas !" Leurs voix résonnaient dans mes oreilles, alors que des larmes coulaient sur le papier où j'écris ces mots.

Je suis profondément désolé pour mes actes impulsifs et le mal que j'ai causé à mon ex femme. Les émotions négatives et l'alcool ont brouillé mon jugement, me conduisant à perdre le contrôle de moi-même. Je regrette sincèrement d'avoir blessé ma femme et d'avoir effrayé mon fils.

Ces moments de folie et de tristesse sont gravés dans ma mémoire. Je m'en veux énormément et je souhaite plus que tout réparer les torts que j'ai causés. Je m'engage à chercher l'aide dont j'ai besoin pour surmonter mes problèmes personnels et comportementaux, afin de devenir une personne meilleure.

Je suis né sous le signe des Gémeaux, et il me semble véritablement posséder une dualité intérieure. Le bien et le mal se disputent mon âme, mais c'est le mal qui prédomine, s'acharnant à causer des souffrances tant aux autres qu'à moi-même. Je m'égare dans les méandres de ma propre existence, cherchant en vain une lueur d'amour-propre, mais ne trouvant rien d'intéressant en moi.

Les Gémeaux, souvent considérés comme des êtres à la fois charismatiques et inconstants, semblent refléter parfaitement ma nature tourmentée. Les fluctuations de ma personnalité m'enferment dans un état perpétuel de confusion et d'incertitude. Mes pensées se perdent dans les dédales sombres de mon esprit, comme une danse macabre où le mal triomphe sans cesse.

Je me déteste profondément, nourrissant une aversion viscérale envers ma propre personne. L'image que je renvoie au monde extérieur est teintée d'une noirceur que je ne peux dissimuler. Je suis conscient de mes actes destructeurs, mais je semble impuissant à les arrêter. Mon âme est prisonnière d'une dualité qui me consume, où les ténèbres exercent une emprise tyrannique sur ma volonté.

Lorsque je me regarde dans le miroir, je ne vois que le reflet d'un être brisé, empreint d'une solitude profonde et d'un désespoir infini. Je me perds dans mes pensées tourmentées, cherchant désespérément à comprendre pourquoi cette obscurité me dévore de l'intérieur. Mes erreurs passées se dressent comme des spectres accusateurs, me rappelant sans cesse ma propension à faire le mal.

Pourtant, au fond de moi, une étincelle de lumière tente de survivre. Une voix timide murmure que je suis plus que cette dualité destructrice, que je peux émerger de l'ombre et trouver un chemin vers la rédemption. Mais cette voix est faible, étouffée par les sombres pensées qui m'assaillent.

Je suis en quête de réponses, cherchant désespérément un moyen de transcender cette dualité malsaine qui m'enferme. J'aspire à découvrir la beauté enfouie en moi, à redonner vie à cette lueur d'espoir qui lutte pour survivre. Peut-être, au-delà de mes démons intérieurs, pourrais-je trouver un moyen de m'accepter et de m'aimer, malgré mes imperfections.

L'histoire de ma vie continue d'écrire ses chapitres, et j'espère que, dans les pages à venir, je trouverai la force de me libérer de cette dualité oppressante. Peut-être un jour, je pourrai regarder en arrière avec compassion et compréhension, reconnaissant que même dans les ténèbres les plus profondes, il y avait un potentiel de lumière et de rédemption.

Dans les ombres du crépuscule, alors que les ultimes lueurs du jour caressaient timidement les murs de mon appartement, un épisode bouleversant vint frapper à ma porte. Les heures étaient chargées de tensions, annonciatrices d'un drame imminent. Ma vie, autrefois bercée par l'harmonie, s'était mue en un tumulte de déchirements. C'était cette soirée, cette nuit fatidique où le destin m'avait réservé une rencontre inattendue, une confrontation avec mon pire ennemi.

Le son grinçant de l'interphone fit écho dans l'air stagnant, et mes doigts hésitants se saisirent du combiné, prêts à recevoir l'annonce d'une tragédie imminente. Une voix masculine, inconnue à mes oreilles, s'éleva dans le récepteur, telle une incantation maléfique. D'une voix tremblante, il me demanda avec une inquiétante assurance si ma femme se trouvait ici. Pris de court, je lui demandai alors de se dévoiler, de révéler son identité. Une volonté farouche m'animait, celle de protéger ma demeure, mon foyer en péril.

Mais ma belle moitié, comme pour ajouter à mon désarroi, prit le combiné des mains fébriles. Les mots fusèrent entre eux dans une langue étrangère, l'espagnol, comme si le tumulte émotionnel s'exprimait à travers ce langage chargé de douleur et de passion. Je m'approchai du balcon, scrutant les ténèbres qui m'entouraient, et là, il se tenait. Son visage empreint de mépris, la tête levée en direction de notre appartement, incarnait le reflet de mes tourments les plus profonds.

Sans hésiter, je me précipitai hors de l'immeuble, empruntant les escaliers avec une ardeur inédite. Et là, dans cette ruelle étroite, je me trouvai face à face avec mon adversaire le plus redouté. Les silences s'entremêlèrent, nous observant l'un l'autre, lourds de significations, comme si nos regards se lançaient des défis muets. Si seulement j'avais possédé en mes yeux une arme capable de le détruire, de balayer cette menace qui rôdait autour de ma vie brisée. Mais hélas, cette faculté me fut refusée.

Un élan de courage aurait pu m'envahir, me pousser à l'affronter, mais une sombre lâcheté s'empara de moi. Je me rétractai, comme si mon corps refusait de s'engager dans une bataille perdue d'avance. Silencieusement, il se détacha de mon regard, s'évaporant dans les ténèbres de la nuit, emportant avec lui le poids insupportable de mon impuissance.

Quant à ma femme, spectatrice impuissante de cette scène déchirante, elle observa ce ballet tragique depuis le balcon, figée dans un état de stupéfaction. Son visage reflétait à la fois le regret, la peine et une étincelle d'espoir qui vacillait, telle une bougie prête à s'éteindre.

Ce soir-là, dans les méandres de mon âme tourmentée, la confrontation avec mon plus grand adversaire ne fut qu'un instant fugace, un reflet éphémère de l'inexorable destin qui avait déjà scellé le sort de notre amour déchu. Les souvenirs de cette nuit-là hanteront mes nuits à jamais, rappelant l'amertume d'un combat inachevé, la douleur de l'abandon et l'ombre éternelle de l'échec qui planait sur nos vies brisées.

Dans les méandres tortueux de l'existence, les problèmes de couple sont souvent évoqués, tels des murs infranchissables dressés entre deux âmes autrefois enlacées. Les murmures emplis de jugement cherchent à trouver un bouc émissaire, une tierce personne qui aurait semé le trouble dans ce jardin d'amour jadis florissant. Cependant, il m'a été donné de comprendre, après de longs égarements, que la véritable racine de ces tourments ne réside pas en un être extérieur, mais bien en notre propre volonté, notre propre capacité à garder l'être cher à nos côtés.

La préservation d'un lien conjugal, voilà l'œuvre délicate qui se présente à nous, telle une épreuve épineuse dans le dédale de l'existence. Cependant, cette tâche ardue ne se destine point aux âmes chétives qui peinent à braver les tempêtes de la vie. Elle réclame une force de caractère, une détermination farouche, capables de braver les vents contraires avec une conviction inébranlable.

J'en viens à penser que les couples qui résistent à l'épreuve du temps, ceux dont les liens se renforcent au fil des jours, sont ceux où le mari et la femme se parent d'une volonté indomptable. Ma propre épouse, si chère à mon cœur, était dotée d'un caractère fort, d'une détermination à toute épreuve. C'était une femme qui savait ce qu'elle voulait et n'hésitait pas à le revendiquer. Son tempérament m'impressionnait, et peut-être, dans ma crainte incessante de la voir s'échapper, ai-je commis l'erreur de la perdre, laissant ainsi échapper entre mes doigts cet amour précieux.

La réflexion m'envahit aujourd'hui, telle une brume douloureuse, tandis que je contemple les souvenirs qui parsèment le paysage de notre vie commune. Comment ai-je pu ne pas voir que ce n'était point les forces extérieures qui menaçaient notre union, mais bien ma propre faiblesse à préserver notre amour ? Le véritable adversaire était en moi, tapi dans les replis de ma propre peur, prêt à tout saccager sur son passage.

Les regrets étreignent mon cœur, emplissant mes pensées d'un chagrin profond. Oh, combien je voudrais revenir en arrière, saisir les instants éphémères où je me suis égaré, pour mieux les apprécier et les protéger. Mais le passé demeure insaisissable, une brise légère qui s'évapore entre mes doigts tendus.

Ainsi va la tragédie des amours perdus, des erreurs commises. À travers ces mots tracés avec mélancolie, je veux vous murmurer, à vous qui me lisez, la leçon que j'ai tirée de ce douloureux apprentissage : la véritable force réside dans notre capacité à nous préserver nous-mêmes, à être les gardiens de notre propre bonheur. Car dans cet amour évanoui, je réalise aujourd'hui que c'est en préservant la flamme intérieure qui nous anime que nous pouvons espérer embraser le cœur de l'autre, et ainsi écrire une histoire d'amour éternelle.

Dans les méandres obscurs de l'âme tourmentée, je me risque à décrire la nature d'une crise de panique, cet étrange mal qui me consumait avant l'instauration de mon traitement aux antidépresseurs. Telle une ombre tapie dans les recoins les plus sombres de notre être, cette affliction sournoise prend vie lorsque nous sommes éloignés de notre cocon familial, privés de ce havre réconfortant où l'on se sent en sécurité.

Un tel malaise nous submerge, nous subtilise notre emprise sur nous-même. Le cœur s'emballe, tambourinant frénétiquement dans notre poitrine, comme si chaque battement nous rapprochait inexorablement de l'abîme. Les parois de notre être palpitent d'une anxiété dévorante, comme un écho inéluctable de la mélodie funeste qui résonne en nous. Une impression d'infarctus imminent s'insinue dans notre esprit déjà tourmenté, comme si l'ombre de la mort nous effleurait de son souffle glacé.

La sueur perle sur notre front, nos mains tremblent convulsivement, témoignant de la fragilité de notre être pris au piège de cette crise. Lorsque nous nous aventurons sur les routes, la terreur qui nous étreint nous contraint à nous arrêter n'importe où, même au milieu d'une autoroute. La seule issue à cette détresse épouvantable est de céder à notre instinct primal de survie et de nous soustraire, ne serait-ce qu'un instant, à ce monde qui nous oppresse.

Comme un funambule sur le fil fragile de la vie, nous oscillons entre le désir d'échapper à cette angoisse dévorante et l'angoisse même de l'abandonner. L'effroi qui nous hante, le poids insoutenable de la peur, ne connaît aucune compassion, aucun répit. Il se nourrit de notre vulnérabilité, se délecte de notre faiblesse, tandis que nous luttions désespérément pour retrouver un semblant d'équilibre.

Il est difficile d'exprimer par de simples mots la nature de cette souffrance indescriptible. La plume, aussi talentueuse soit-elle, peine à rendre compte de l'horreur indicible qui s'empare de notre être. Mais peut-être, dans cette tentative de description, pourrons-nous trouver un soupçon de réconfort, une once de compréhension, pour ceux qui n'ont jamais connu l'emprise de la panique. Et pour ceux qui, comme moi, ont connu cette douleur dévorante, peut-être y trouveront-ils un écho, une consolation dans le fait de savoir qu'ils ne sont pas seuls dans cette sombre danse avec leurs propres démons.

À travers les méandres sinueux de mon existence, je peux affirmer avec une conviction absolue que les médicaments m'ont préservé de sombrer dans les abysses de la désolation. Ils ont été la bouée de sauvetage qui m'a permis de naviguer dans les eaux tumultueuses de ma propre existence. Sans eux, je serais resté prisonnier des ténèbres, en proie aux démons intérieurs qui cherchaient à me dévorer.

Mais après avoir traversé les tempêtes de l'âme, j'ai trouvé la force de transformer mon destin en créant ma propre entreprise. J'ai érigé les fondations d'un rêve, aussi modeste soit-il, car chaque pas vers l'accomplissement de soi est un triomphe en soi. Je me suis élevé au-dessus des doutes qui m'assaillaient, défiant les limites de mon existence pour embrasser une nouvelle voie, celle d'un chef d'entreprise.

Mon entreprise n'était peut-être pas d'une envergure monumentale, mais elle était le fruit de mon travail acharné, de ma détermination inébranlable. Dans cette arène des affaires, j'ai bataillé avec acharnement, m'efforçant de graver mon empreinte dans les annales de l'entrepreneuriat. Chaque décision était une épreuve, chaque succès un triomphe, et chaque échec une leçon précieuse.

Les défis étaient nombreux, les nuits étaient souvent courtes, mais dans chaque instant de labeur, je puisais une force insoupçonnée. J'ai vu ma petite entreprise grandir, s'épanouir sous mes auspices, comme une fleur fragile trouvant sa place dans un monde impitoyable. J'ai navigué à travers les océans mouvementés de la concurrence, porté par la conviction que mon rêve ne pouvait être étouffé par les vents contraires.

Certes, mon entreprise n'était pas un colosse dominant le paysage économique, mais elle était la preuve tangible de ma capacité à émerger des profondeurs abyssales de la désespoir. Elle était une manifestation de ma résilience, de ma volonté de transcender les circonstances adverses et de forger ma propre destinée.

Ainsi, avec humilité mais une fierté palpable, je peux dire que j'ai été chef d'entreprise, même si ma stature n'était pas imposante. Car ce n'est pas la taille de l'entreprise qui importe, mais la grandeur de l'effort, la bravoure de l'âme qui ose s'aventurer dans les méandres de la création.

Et ainsi, je continue mon voyage, conscient des hauts et des bas qui jalonnent ma route. J'ai appris à embrasser les leçons enseignées par mes expériences passées, à être reconnaissant envers les médicaments qui m'ont permis de reprendre le contrôle de ma vie. Je navigue dans les eaux incertaines, sachant que chaque vague est une opportunité de croissance, chaque défi une invitation à puiser dans mes ressources intérieures.

Car peu importe la taille de l'entreprise que je crée, peu importe les montagnes que je gravirai ou les océans que je traverserai, j'ai déjà prouvé que je suis capable de défier les forces qui cherchent à me retenir. Je suis l'auteur de mon propre récit, et dans chaque chapitre, je m'épanouis un peu plus, tissant les fils de mon destin avec courage et détermination.

Dans l'effondrement d'une société familiale autrefois florissante, je me suis retrouvé brutalement dépourvu de tout. Les ruines de mon passé m'entouraient, comme un sombre rappel de la gloire perdue. Face à cette déchéance, je décidai de me tourner vers un cousin éloigné, dont la fortune semblait insouciante des tempêtes financières. Une idée germa dans mon esprit meurtri : la création d'une entreprise spécialisée dans la vente de vérins hydrauliques. Convaincu de mes compétences dans ce domaine, mon cousin accepta sans hésitation, injectant les fonds nécessaires pour que notre projet prenne vie. Toutefois, une condition fut posée : j'en serais le seul gérant.

Ainsi, notre société naquit, portant les espoirs de renaissance d'un homme en quête de rédemption. Les débuts furent prometteurs, porteurs d'une lueur d'espoir à l'horizon. Mais la réalité, cruelle et implacable, en avait décidé autrement. Les vents contraires soufflèrent dans notre voile, obstruant le chemin vers la réussite tant espérée. La concurrence féroce, tel un rapace affamé, se dressa sur notre route. Les charges financières, telles des chaînes pesantes, alourdissaient nos pas incertains.

Je me dévouais corps et âme à cette entreprise naissante, sacrifiant mes propres besoins au profit de ceux de mes salariés. Mon salaire s'évanouissait dans les méandres des dépenses inévitables, des salaires à verser, des charges à honorer. Mais malgré ces efforts, malgré cette volonté inébranlable, les écueils semblaient se multiplier, les problèmes s'accumulaient. Telle une mélodie funeste, les neuf années qui suivirent furent une symphonie de soucis, où le désespoir et l'incertitude régnaient en maîtres.

L'argent se faisait rare, le spectre de la misère s'invitait dans mon quotidien. La grande galère me happait inexorablement, me laissant presque démuni. Les tourments se multipliaient : les employés, autrefois alliés, devenaient sources de conflits et de tensions. Cherchant une lueur d'espoir dans l'obscurité, je finis par vendre le matériel, cet ultime vestige de mes ambitions, pour indemniser dignement mes salariés loyaux. Et ainsi, je me retrouvai une fois de plus, les mains vides, errant dans les méandres de mon existence.

Les cicatrices profondes qui marquent mon parcours sont autant de témoins silencieux de mes échecs. Je me questionne sur les choix qui m'ont conduit jusqu'ici, sur les chemins empruntés et les détours négligés. La tristesse et la résignation m'enveloppent comme une brume opaque, noyant mes espoirs passés.

Pourtant, au milieu de ces cendres, un feu intérieur persiste. Un désir ardent de renouveau, de recommencement, brûle dans les tréfonds de mon être. Car dans chaque chute, il subsiste une force insoupçonnée, une résilience prête à se relever. Je suis conscient que les leçons apprises au fil de ces années de tourments façonnent la personne que je suis aujourd'hui. Les épreuves endurées ont forgé ma détermination, nourri ma sagesse et éveillé une flamme d'espoir qui refuse de s'éteindre.

Peut-être est-ce là ma véritable richesse, cette capacité à me relever après chaque chute, à embrasser l'incertitude avec une foi inébranlable. Le chemin vers la rédemption peut être semé d'embûches, mais je refuse de baisser les bras. Je porte en moi le souvenir des échecs passés, mais aussi la promesse d'un avenir meilleur.

Ainsi, dans l'obscurité de mes déboires, je me prépare à accueillir les lueurs de l'aube nouvelle. Car après tout, ce n'est pas dans les biens matériels que réside notre véritable valeur, mais dans la force de notre résilience, dans notre capacité à nous relever et à tracer notre destinée, envers et contre tout.

Au fil des méandres tortueux de ma vie, j'ai traversé des périodes sombres, des tumultes incessants qui semblaient s'abattre sur moi telle une malédiction implacable. La naissance, l'enfance, l'adolescence... chaque étape de ma vie familiale et professionnelle a été marquée par une incommensurable catastrophe, un alignement d'échecs qui ont ébranlé mon être jusqu'à ses fondations les plus fragiles.

Dans ce voyage tumultueux, j'ai souvent ressenti une profonde désillusion, le sentiment amer d'être étranger à ce monde terrestre. Les lueurs de succès m'ont échappé, les victoires convoitées ont été des chimères inaccessibles. La voie tracée devant moi semblait semée d'obstacles insurmontables, et j'ai souvent douté de ma capacité à trouver ma place dans cette existence chaotique.

Pourtant, au milieu de ces ruines, de ces décombres de mes aspirations brisées, une lueur d'espoir persiste. Elle se matérialise dans mon fils, un trésor précieux qui illumine mon chemin ténébreux. Dans son sourire innocent, je trouve une raison de continuer, de puiser la force nécessaire pour affronter les tempêtes qui assaillent mon être.

Et puis, il y a ces escapades en montagne, dans les majestueuses contrées de l'Atlas marocain. Là, au cœur de la nature sauvage et indomptable, je trouve une échappatoire, un refuge où les soucis s'évanouissent, ne laissant place qu'à la pureté de l'instant présent. Les sorties de pêche deviennent des parenthèses suspendues dans le temps, où la quiétude des paysages m'apaise et me rappelle que la beauté et la sérénité subsistent encore dans ce monde troublé.

Pourtant, malgré cette lueur d'espoir et ces moments fugaces de paix, une ombre persiste. La solitude m'enveloppe, le sentiment d'isolement m'étreint. Je me trouve souvent éloigné des autres, me confinant dans ma propre existence, incapable de tisser des liens solides avec mes semblables. Les rencontres se font rares, les visages se fondent dans l'oubli, et je me perds parfois dans cette solitude qui semble m'enlacer.

Ainsi va ma vie, entre les débris de mes rêves brisés et les quelques instants d'évasion et de complicité partagés avec mon fils. C'est une existence marquée par la désillusion, mais qui recèle en son sein une poignée de moments lumineux. J'avance, chancelant parfois, mais déterminé à trouver un sens, une signification qui donnera un élan à mon existence vacillante. Car même au milieu de cette véritable catastrophe, je refuse d'abandonner l'espoir, de renoncer à l'idée que la vie peut réserver des surprises, des miracles inattendus, des chemins imprévus qui mèneront peut-être à une rédemption tant espérée.

À une époque de ma vie, si tant est que l'on puisse appeler cela une vie, j'ai croisé le chemin d'une femme possédant toutes les qualités que peut posséder une femme. Elle était belle, intelligente et sympathique. Notre histoire a duré près de deux années, durant lesquelles elle m'aimait éperdument, tandis que mes sentiments à son égard étaient plus mitigés. Pourtant, il était indéniable que sa compagnie était des plus agréables. Elle aimait aussi faire la fête, mais savait se comporter avec élégance en toutes circonstances, que ce soit entre amis ou lors de soirées mondaines.

À plusieurs reprises, j'ai pris la décision de mettre fin à notre relation, pour ensuite revenir vers elle. Mais en vérité, je ne l'aimais pas réellement. Malgré cela, ma famille l'appréciait énormément. Nous sommes même partis en voyage en Espagne ensemble, créant ainsi de merveilleux souvenirs. Pourtant, après deux ou trois années, j'ai pris la décision définitive de la quitter, du jour au lendemain. Je suis perplexe face au destin qui semble parfois s'acharner à nous séparer de quelqu'un de bien. Mon psychiatre m'a supplié de rester auprès de cette femme, mais je n'ai pas suivi son conseil.

Il est difficile de comprendre les méandres du destin. Parfois, il semble jouer de tours cruels en mettant sur notre chemin une personne exceptionnelle, alors que nos sentiments ne sont pas en adéquation avec les siens. Peut-être aurais-je dû écouter mon psychiatre, qui, à travers ses connaissances et sa sagesse, voyait une issue plus favorable à notre relation. Mais il m'est apparu que la sincérité et l'honnêteté étaient des vertus indispensables, même si elles peuvent causer de la douleur.

Ainsi, j'ai pris la décision de mettre fin à cette histoire, espérant que chaque protagoniste puisse poursuivre sa route vers un bonheur authentique. Les aléas de la vie sont souvent complexes à comprendre, mais peut-être que cette rupture forcée était la voie que le destin avait tracée pour nous. Seule l'avenir pourra révéler les secrets de nos choix et nous guider vers un épanouissement véritable, tant pour elle que pour moi.

Dans l'ombre de ma vie, les lourdes épreuves m'ont frappé sans pitié. Ma mère, pilier de mon existence, s'est éteinte, suivie de près par mon père, laissant un vide incommensurable dans mon cœur. Mon frère, mon fidèle compagnon de pêche, a également quitté ce monde, emportant avec lui nos souvenirs et nos rires complices. Il ne reste plus que ma douce et unique sœur, une lueur d'espoir fragile dans ce sombre tableau.

Pourtant, les tragédies ne se limitent pas à la perte de mes proches. Ma femme, celle que j'ai aimée passionnément, m'a abandonné, brisant notre lien intime. Les femmes que j'ai chéries, celles dont le souvenir réchauffait mon cœur, ont également pris la décision de s'éloigner de ma vie. Je me retrouve seul, d'une solitude profonde et dévorante.

Face à cette solitude qui m'enlace, je me sens étranger dans les interactions sociales. Lorsque des amis ou ma famille m'invitent, je me dérobe, craignant l'inconfort qui m'étreint. Ou bien, dans un acte de fuite désespérée, j'avale deux verres de whisky avant de me présenter à ces rassemblements. L'alcool devient mon échappatoire, ma béquille fragile dans cette danse incertaine avec la société. Sans cette béquille, mes mains trembleraient, révélant mon malaise, suscitant la honte d'être ainsi incomplet en leur présence.

Mon âme porte le fardeau des deuils et des ruptures, un fardeau dont le poids ne peut être aisément exprimé par les mots. Chaque souffle que je prends est un rappel poignant de la solitude qui m'envahit, comme une ombre silencieuse qui se faufile à travers mes pensées les plus intimes. Mais au fond de cette obscurité, il reste un espoir ténu, une étincelle de lumière qui murmure que peut-être, un jour, la vie trouvera un moyen de me réconforter.

En attendant, je continue ma quête de guérison, cherchant le moyen de surmonter ces blessures invisibles qui ont laissé des cicatrices profondes. J'apprends à accepter ma vulnérabilité, à me pardonner et à trouver en moi la force d'affronter la société sans l'aide de l'alcool. Car au-delà de la honte qui me ronge, je sais que je mérite d'être aimé et accepté, malgré mes épreuves et mes imperfections. Peut-être alors, un jour, je trouverai la paix intérieure et la sérénité qui me permettront de me reconnecter avec le monde qui m'entoure.

Dans les méandres de ma mémoire, un souvenir majestueux brille tel un joyau précieux, m'évoquant une fierté incommensurable. C'était une époque où mes jours étaient consacrés à la société familiale, où mon père et moi, unis par un lien indéfectible, nous sommes lancés dans une entreprise extraordinaire. Ensemble, nous avons accompli l'exploit de concevoir et de réaliser les systèmes d'ouverture des portes de la vénérable mosquée Hassan II, qui se dressait avec noblesse à Casablanca.

Ce projet s'est révélé être une entreprise colossale, évoquant les exploits des Titans de l'Antiquité. Telle une symphonie grandiose, chaque note de ce travail harmonieux résonnait avec force et précision. Nous nous sommes attelés à cette tâche monumentale avec détermination et passion, conscients de l'héritage que nous laisserions derrière nous.

Le défi était immense, mais nous étions prêts à affronter l'adversité avec notre savoir-faire et notre créativité. Les portes de la mosquée devaient s'ouvrir avec une grâce inégalée, et nous étions les gardiens de ce rêve. Des systèmes hydrauliques sophistiqués devaient être étudiés et réalisés avec une précision minutieuse, une alchimie magique entre science et art.

Nous avons constitué une équipe d'hommes dévoués, guidés par un seul objectif : l'excellence. Ensemble, nous avons repoussé les limites de notre imagination et franchi les frontières de l'ingénierie traditionnelle. Chaque jour, nous nous sommes plongés dans un océan de plans et de calculs, enchevêtrant des fils de pensées pour donner vie à cette vision grandiose.

Les heures se sont étirées en jours, les jours en semaines, et les semaines en mois. Les vents du temps ont soufflé sur nos fronts, mais nous avons persévéré. Nos mains étaient guidées par une volonté farouche, alors que nous assemblions chaque pièce avec une précision d'orfèvre. Les murmures des outils se mêlaient aux battements de nos cœurs, vibrant d'une passion commune.

Enfin, le jour tant attendu est arrivé. Les portes de la mosquée Hassan II se sont ouvertes pour la première fois, révélant leur magnificence au monde. Les visages émerveillés, teintés d'une admiration sans bornes, reflétaient le succès éclatant de notre travail acharné. Nous avions insufflé la vie à un chef-d'œuvre d'ingénierie, créant ainsi une des rares satisfactions personnelles de ma vie.

Ce souvenir, gravé dans les recoins les plus profonds de mon être, m'inspire encore aujourd'hui. Il rappelle la valeur de la persévérance et de la détermination. Il m'enseigne que rien n'est impossible lorsque le cœur et l'esprit sont unis dans un même dessein. Et chaque fois que mes yeux se posent sur la mosquée Hassan II, je me souviens de notre travail titanique, un chapitre glorieux de ma vie qui perdure dans les mémoires de ceux qui ont été témoins de notre exploit.

Au sein des murs de notre société familiale, mon père brillait telle une étoile étincelante, doté d'un savoir technique extraordinaire. La mécanique était son royaume, et il en maîtrisait les moindres secrets. Cette compétence sans égale était un héritage précieux de mon grand-père, lui-même un génie de l'industrie. En réalité, mon père était destiné à devenir ingénieur dans le monde industriel, une vocation inscrite dans les fibres de son être.

Cependant, lorsque les rênes de l'entreprise lui furent confiées, une sombre réalité se dévoila. Gérer les aspects financiers se révéla être une tâche bien au-delà de ses compétences. Les écueils se multiplièrent, et la catastrophe financière fut inévitable.

Mon père, cet homme brillant dans l'univers des machines, se trouva dépourvu face aux arcanes complexes de la gestion d'une entreprise. Il ne sut pas s'entourer des bonnes personnes, et bien des escrocs profitèrent de sa gentillesse pour leurrer son jugement en matière financière. Les prédateurs, avides de profit, se glissèrent dans les méandres de ses affaires, exploitant sa naïveté avec une cruauté inouïe.

Les portes de notre société, jadis florissante, s'ouvraient trop facilement aux charlatans et aux incompétents. Leurs paroles mielleuses et trompeuses brouillaient les lignes entre honnêteté et tromperie, rendant les pièges indiscernables. Mon père, bienveillant et confiant, se retrouvait pris dans un tourbillon où ses idéaux étaient ébranlés par la réalité brutale des affaires. Sa gentillesse, qui aurait dû être une vertu, devenait sa plus grande faiblesse.

La descente aux enfers fut inexorable. Les échecs se succédaient, les dettes s'accumulaient. Les déceptions se mêlaient à l'amertume, et l'espoir semblait s'étioler dans les recoins les plus sombres de son cœur. Les leçons amères, apprises à un prix trop élevé, marquèrent son âme d'une cicatrice profonde.

Aujourd'hui, lorsque mes pensées se tournent vers cette époque douloureuse, je ne peux m'empêcher de ressentir un mélange de tristesse et d'admiration. Mon père, cet homme de science et de créativité, fut emporté par les flots tumultueux du monde des affaires. Son destin, forgé par son héritage familial, lui joua un tour cruel. Et pourtant, je ne peux m'empêcher de reconnaître sa bravoure, sa détermination à poursuivre malgré les épreuves qui l'assaillaient.

Dans cet épisode sombre de notre histoire familiale, j'ai appris une leçon précieuse : l'importance de l'équilibre entre compétences techniques et savoir-faire en matière de gestion. Le talent et la passion ne suffisent pas pour mener une entreprise vers le succès, il faut aussi une vision pragmatique et une capacité à reconnaître ceux qui sont dignes de confiance.

Ainsi, lorsque je contemple le chemin parcouru par mon père, je me rappelle de son génie technique et je ressens une profonde admiration pour ses exploits. Mais je suis aussi conscient des pièges qui l'ont englouti, rappelant l'importance cruciale de la prudence et de la vigilance dans le monde des affaires.

Dans le souvenir de cette époque troublée, je trouve la force d'avancer avec résilience et de tracer ma propre voie, en gardant à l'esprit les leçons tirées des épreuves vécues par mon père.

Quand le crépuscule embrasse doucement la terre, et que la journée se retire dans les bras de la nuit, je franchis le seuil de ma demeure avec une attention méticuleuse. Comme un gardien des flammes, il m'incombe d'éveiller chaque pièce endormie en une danse lumineuse. Ainsi, je m'engage dans une ritualisation solennelle, allumant les lumières de chaque recoin de mon humble foyer.

Pareil à un chef d'orchestre dirigeant une symphonie de photons, je tourne le cadran des interrupteurs avec précision, libérant des éclats de lumière chaleureuse qui étreignent les ténèbres. Je ne laisse aucune ombre s'insinuer dans les coins oubliés, car dans chaque pièce, la clarté devient un rempart contre les secrets de la nuit.

Si, par le plus grand des malheurs, une seule lumière manque à l'appel, mon âme se met en quête, mue par un impérieux devoir. Telle une détective, je fouille chaque recoin, chaque tiroir, à la recherche de l'ampoule égarée. Mon regard scrute l'obscurité, en quête d'une faiblesse dans l'éclat, d'un filament brisé, qui trahirait la présence d'une ampoule défaillante.

Si mes recherches s'avèrent vaines, si l'ampoule se dérobe à ma perspicacité, alors je me résous à sortir de mon sanctuaire, à arpenter les rues nocturnes, en quête d'une droguerie salvatrice. Parcourant les ruelles silencieuses, je me laisse guider par la lueur des enseignes lumineuses, comme une étoile polaire m'indiquant le chemin vers la source de lumière manquante.

Même dans le lustre majestueux, suspendu au plafond comme un joyau céleste, je veille avec une vigilance sans faille. Six ampoules y brillent en harmonie, créant un éclat somptueux qui enflamme la pièce de sa splendeur. Mais si un seul de ces joyaux d'électricité venait à manquer, je m'élève comme un funambule de l'obscurité, prêt à combler le vide avec une nouvelle ampoule, telle une étoile renaissante dans le ciel nocturne.

Car je suis un gardien de la lumière, un danseur dans les reflets dorés de la nuit. À travers mes pas et mes gestes, je chasse les ténèbres, créant un havre de clarté et de chaleur. Pour chaque pièce, chaque lampe, chaque lustre, je suis le protecteur de leur éclat, un fervent serviteur de la luminosité qui nourrit mon foyer.

Ainsi, lorsque la nuit se retire et que le jour s'annonce à nouveau, je peux contempler avec une satisfaction paisible les fruits de mon labeur. Mon foyer brille de mille feux, chaque pièce illuminée comme un joyau précieux. Et je sais, en mon fort intérieur, que j'ai accompli ma mission en tant que gardien des lumières, apportant lumière et chaleur à chaque recoin de mon monde.

Au sein de mon humble demeure, chaque objet possède son propre royaume, immuable et immuable. Comme des acteurs fidèles sur une scène figée, ils occupent toujours leur place désignée, dans une danse immuable de symétrie et de constance. Une routine bien réglée gouverne chaque détail, créant une atmosphère de monotonie qui semble enracinée dans les fondations de ma vie.

Chaque jour qui s'écoule, je me vois confronté à l'inévitable exigence de préserver cette rigidité, cette conformité rigoureuse des objets à leur position initiale. Comme un gardien du temps, je veille sur chaque étagère, chaque table, chaque recoin, m'assurant que rien ne s'écarte du chemin prédéfini. Les livres s'alignent dans une procession silencieuse, les bibelots reposent avec sérénité sur leurs piédestaux, et les cadres accrochés aux murs défient toute notion de désordre.

Ce décor immuable, ce sanctuaire de la prévisibilité, s'est transformé en une symphonie de l'ordinaire, où chaque note résonne avec une monotonie permanente. Chaque pas que je fais dans ma demeure est orchestré par la certitude de trouver les choses exactement à leur place habituelle. Et si par mégarde, par un écart minuscule, un objet dévie de son emplacement attitré, une dissonance invisible empoisonne l'atmosphère, perturbant l'harmonie précaire qui règne en maître.

Il est vrai que cette constance, cette absence de changement, procure une certaine forme de sécurité, une familiarité réconfortante dans un monde en perpétuelle mutation. Mais parfois, lorsque la lueur de l'aventure tente de percer les fissures de ma routine, je ressens une étouffante insatisfaction. L'envie de bousculer ces rangées d'objets, de briser les chaînes de la monotonie, se fait sentir avec une intensité grandissante.

Pourtant, chaque fois que je caresse l'idée de modifier ne serait-ce qu'un infime détail, une force invisible m'enchaîne à ma propre création. Un sentiment de culpabilité s'infiltre insidieusement, me rappelant que le désordre, aussi minime soit-il, est une trahison envers ma vie réglée comme du papier à musique. Un conflit intérieur s'ensuit, entre le désir d'explorer, de créer, de faire naître de nouvelles harmonies, et la peur de rompre l'équilibre fragile que j'ai si ardemment construit.

Ainsi, ma maison est devenue une métaphore de ma propre existence, où la stabilité a éclipsé le changement, où la routine a étouffé l'élan de l'audace. Chaque coin, chaque recoin est marqué par la présence d'une monotonie immuable, et il m'est devenu difficile de concevoir une réalité différente. Pourtant, au fond de moi, persiste une lueur d'espoir, une étincelle de curiosité qui aspire à embrasser l'inconnu et à redéfinir les contours de ma vie.

Peut-être un jour, je trouverai le courage de braver les conventions de mon intérieur bien rangé, de permettre à la nouveauté de s'immiscer dans mon quotidien. J'oserai peut-être déplacer un objet, repositionner une étagère, ouvrir les portes de la transformation. Car après tout, la vie n'est-elle pas un voyage perpétuel où la monotonie ne doit pas éclipser la beauté des surprises et des découvertes qui nous attendent ?

Il y a un temps dans ma vie où la passion pour la photographie m'animait, où j'embrassais le monde à travers l'objectif de mon appareil, capturant des instants éphémères pour les figer dans l'éternité de l'image. J'avais investi dans un équipement digne d'un photographe professionnel, cherchant à exprimer ma vision unique du monde à travers mes clichés. Parmi les sujets qui m'inspiraient le plus, les paysages occupaient une place prépondérante, m'offrant la possibilité de capturer la majesté de la nature dans toute sa splendeur. Les commentaires élogieux sur mon travail réchauffaient mon cœur d'artiste, nourrissant ma confiance en mes talents.

Cependant, je trouvais également une source infinie d'inspiration dans le règne animal. La faune sauvage était pour moi un spectacle captivant, une symphonie vivante de formes et de couleurs. J'aimais me perdre dans l'intimité de la nature, cherchant à immortaliser les expressions uniques des créatures qui peuplaient notre monde.

Un jour, une invitation inattendue m'a ouvert une fenêtre sur un tout autre univers. Des amis m'ont convié à une excursion en bateau, à la recherche du mythique marlin bleu, un géant des océans pesant parfois plusieurs centaines de kilos. Armé de mon arsenal photographique, nous avons mis le cap au large de Mohamedia, là où se cachait la zone convoitée par ces poissons légendaires.

Le moment était venu, l'instant où le destin s'est conjugué avec ma passion. Alors que le leurre s'enfonçait dans les profondeurs marines, un marlin colossal est venu le happer avec une puissance irrépressible. Dans une danse exaltante entre l'animal et les éléments, le marlin s'est élevé hors de l'eau, déployant sa majesté. Instinctivement, j'ai saisi mon appareil, figeant cet instant unique où l'animal semblait défier la gravité, suspendu entre ciel et mer. La créature des profondeurs s'était offerte à mon objectif, révélant sa puissance et sa beauté éphémère.

Lorsque j'ai partagé cette photographie avec mes amis pêcheurs, leurs yeux se sont éclairés d'une admiration sincère. Ils m'ont témoigné leur émerveillement devant cette capture, cet instant précieux où l'essence même du marlin s'était inscrite dans chaque pixel de l'image. Fort de cette expérience, j'ai décidé de partager ma réussite avec un plus large public. J'ai envoyé ma photographie à un magazine spécialisé dans la capture de moments extraordinaires, où elle a été chaleureusement accueillie.

La publication de mon travail dans ce magazine a été une véritable consécration pour moi. La reconnaissance offerte par cette diffusion a embrasé mon être d'une fierté indescriptible. En voyant mes clichés admirés et partagés, j'ai senti que ma passion et mon talent étaient enfin reconnus à leur juste valeur.

Cette expérience a été un tournant dans ma vie de photographe. Elle m'a rappelé l'importance de suivre mes passions, de poursuivre mes rêves avec détermination et persévérance. La photographie a le pouvoir de saisir la beauté éphémère de notre monde, de transmettre des émotions et de captiver les esprits. Elle m'a également enseigné que la reconnaissance extérieure peut être une source de motivation, mais que la véritable récompense réside dans l'épanouissement personnel et la satisfaction profonde de créer quelque chose d'exceptionnel.

Dans les profondeurs de mon être tourmenté, un feu créatif brûlait intensément, trouvant refuge dans l'art de la peinture. Des toiles vierges, telle une promesse d'expression, attendaient patiemment de recevoir les coups de pinceau qui donneraient vie à mes émotions. Je m'étais plongé corps et âme dans la magie de la peinture à l'huile, explorant les subtilités de chaque couleur, chaque texture, cherchant à capturer la beauté du monde à travers mes créations.

Les paysages étaient mes compagnons privilégiés. Sur ma toile, j'ai transposé les merveilles de la nature, les montagnes majestueuses, les champs verdoyants et les horizons infinis. Chaque coup de pinceau était une invitation à voyager, à m'évader vers des contrées lointaines, à m'imprégner de la sérénité de ces espaces intemporels.

Mais un jour, j'ai ressenti le besoin de me confronter à un autre défi artistique. Une photographie captivante d'une femme berbère a croisé mon regard, révélant une aura mystérieuse et une profondeur d'âme. Intrigué par cette expression figée dans l'image, j'ai ressenti le désir irrépressible de la transposer sur ma toile, de lui donner vie à travers mes pinceaux et mes couleurs.

Pendant des heures, je me suis laissé emporter par la fascination de cette création. J'ai cherché à saisir l'essence même de cette femme berbère, à capturer son histoire et son héritage, tout en conservant la beauté captivante qui m'avait touché dans la photographie. Chaque coup de pinceau était empreint de respect et d'admiration, guidé par une émotion profonde qui se révélait à travers les traits du portrait.

Lorsque j'ai terminé ma peinture, j'ai présenté fièrement mon œuvre à ma famille et à mes rares amis, cherchant leur regard, leur appréciation. Leurs yeux se sont émerveillés devant la toile, reconnaissant l'authenticité de mon interprétation, la manière dont j'avais su capturer l'essence de cette femme berbère. Leurs éloges sincères ont réchauffé mon cœur, dissipant une partie de la brume qui m'entourait.

La création artistique est souvent le reflet de l'âme tourmentée, une voie d'évasion et d'expression lorsque les mots se font rares. Dans ma dépression, j'ai découvert un havre de paix dans l'art, une façon de donner forme et couleur à mes pensées les plus sombres. Mon statut d'artiste, bien que teinté d'une certaine mélancolie, m'a apporté une certaine satisfaction, une reconnaissance chère et précieuse.

Peut-être que l'artiste en moi n'était qu'un fugitif, cherchant un répit dans les tourments de l'existence. Mais à travers mes créations, j'ai pu trouver une voix, un moyen de partager mon monde intérieur avec ceux qui m'entourent. Et dans ces instants de partage et d'appréciation, j'ai découvert une lueur d'espoir, une confirmation que l'art peut guérir les âmes blessées et éveiller des émotions profondes chez ceux qui le contemplent.

Ainsi, dans mon chemin d'artiste déprimé, j'ai trouvé une forme d'expression et une connexion avec autrui. L'art m'a offert une échappatoire, un exutoire pour mes émotions, et dans chaque coup de pinceau, j'ai pu laisser une trace de ma propre existence, témoignant du tumulte et de la beauté d'une âme en quête de sens.

Le passé s'est envolé, emportant avec lui les flammes qui autrefois embrasaient mon âme d'artiste. Tel un vieux livre abandonné sur une étagère poussiéreuse, mes appareils photographiques ont été vendus, mes tubes de peinture et mes pinceaux jetés, témoignant de la fin d'une ère créative.

Les jours sombres ont enveloppé mon esprit, éteignant peu à peu la passion qui brûlait jadis en moi. L'envie et l'inspiration ont cédé la place à un vide intérieur, une mélancolie silencieuse qui engloutissait tout ce qui faisait vibrer mon âme.

Les toiles vierges autrefois prêtes à accueillir mes rêves et mes émotions sont maintenant désertes, leur surface immaculée reflétant l'absence de vie qui résonne en moi. Les couleurs éclatantes de mes tableaux ont pâli, laissant derrière elles des souvenirs effacés par l'oubli.

Dans l'ombre de mon existence, j'ai renoncé à ces formes d'expression qui me semblaient jadis être des fenêtres ouvertes vers la liberté de mon esprit. Les étincelles qui dansaient autrefois dans mes yeux se sont éteintes, laissant derrière elles une nuit d'inspiration perdue.

Peut-être suis-je condamné à errer dans les ténèbres de la monotonie, sans l'éclat des couleurs ni le cliquetis des appareils. Peut-être suis-je destiné à marcher sur un chemin tracé, abandonnant les rêves d'artiste pour embrasser une existence plus fade et prévisible.

Mais même si les pinceaux sont restés muets et les objectifs inutilisés, je ne peux nier l'empreinte qu'ils ont laissée en moi. Dans les méandres de ma dépression, j'ai découvert un fragment de moi-même, un écho lointain de cette âme autrefois brûlante de créativité.

Alors que je regarde mes outils d'art abandonnés, une lueur d'espoir vacille en moi. Peut-être, un jour, les flammes s'enflammeront à nouveau, illuminant mon être d'un désir ardent de créer. Peut-être que les couleurs et les formes retrouveront leur place dans ma vie, donnant naissance à de nouvelles œuvres empreintes de sensibilité et d'émotion.

En attendant, je me résigne à cette période de transition, où mes passions artistiques se sont retirées dans l'ombre. J'accepte que la vie soit faite de cycles, de hauts et de bas, de moments de création et de moments de repos.

Dans l'effervescence de l'adolescence, où les flirts et les boums étaient monnaie courante, le cinéma était notre refuge, notre terrain de jeu pour l'exploration des émotions et des sensations fortes. C'était une époque insouciante, où chaque sortie entre amis était une occasion de défier nos peurs et de nous confronter à l'inconnu.

Un jour, mes camarades décidèrent de se rendre au cinéma pour voir un film qui venait tout juste de sortir : "L'Exorciste". J'avais déjà entendu parler de cette œuvre célèbre, un film d'horreur qui semblait susciter tant de fascination et d'effroi. Pourtant, au plus profond de moi, une appréhension grandissait, une peur indicible qui me poussait à renoncer à cette expérience.

Mais devant mes amis, filles et garçons, il m'était impossible de me dérober. L'idée de laisser transparaître ma crainte était tout simplement impensable. Je ne pouvais me résoudre à être considéré comme un lâche. Il fallait que je fasse preuve de courage, surtout vis-à-vis des filles qui semblaient si intrépides.

Le film débuta, accompagné d'une musique lugubre et oppressante qui pénétrait jusqu'au plus profond de mon être. Une vague d'émotions intenses m'envahit alors que les premières scènes d'horreur se déroulaient sous mes yeux. Mes mains devenaient moites, et les battements de mon cœur s'accéléraient, comme s'ils cherchaient à fuir cette atmosphère pesante.

Lorsque la première scène terrifiante apparut, celle où la jeune fille était possédée par le démon et se soulevait du lit devant le prêtre, je ne pus retenir ma réaction. Je fermai les yeux, submergé par une panique atroce. À chaque instant d'horreur intense qui se dévoilait à l'écran, je me réfugiais dans l'obscurité de mes paupières closes, espérant ainsi échapper à cette terreur dévorante.

À la fin du film, mes amis, filles et garçons, étaient émerveillés par ce spectacle d'horreur auquel ils avaient assisté. Ils se racontaient les différentes scènes, les détails saisissants que j'avais manqués en gardant mes yeux fermés. Bien sûr, je hochais la tête et acquiesçais avec enthousiasme, ne voulant pas laisser transparaître ma peur et passer pour un poltron, surtout devant les filles.

Cette soirée au cinéma fut un mélange de bravoure feinte et d'angoisse refoulée. J'endossai le masque du courageux, dissimulant mes véritables émotions derrière un sourire forcé. Mais au fond de moi, je savais que j'avais été marqué par cette expérience traumatisante. Les images d'horreur et les sensations intenses avaient laissé une empreinte indélébile dans les recoins de mon esprit adolescent.

Ainsi, cette sortie au cinéma, censée être un moment de divertissement et de camaraderie, fut pour moi une épreuve, une épreuve dont les cicatrices resteraient gravées dans ma mémoire. Mais peut-être était-ce aussi une leçon sur l'importance de se montrer authentique, même dans nos moments de vulnérabilité, car c'est dans ces instants que se révèle notre véritable courage.

Depuis ma plus tendre enfance, l'infini a toujours été source de fascination et d'angoisse. Cette notion déconcertante, qui échappe aux frontières de la compréhension humaine, ne semble connaître aucune fin. En son sein, le vide s'étend à perte de vue, un abîme sans limites, un songe sans fin. C'est comme si notre existence se dissolvait, réduite à néant au sein de cette étendue infinie.

Nous, êtres éphémères, nous nous trouvons pris au piège de cet océan insaisissable. Nous tentons de donner un sens à notre existence, en cherchant des points d'ancrage dans le concret. Mais ces repères tangibles s'avèrent être des chimères, des mirages qui se dissolvent dès que nous tentons de les saisir. Ils ne sont qu'une illusion dans ce monde infini où les limites se dérobent.

Nous sommes des êtres de pensées, des esprits qui errent dans ce cosmos illimité. L'absence de frontières dans l'infini remet en question notre réalité. Sommes-nous réels ou ne sommes-nous que des chimères de l'esprit ? Dans cet univers sans bornes, il est difficile de trouver des preuves tangibles de notre existence.

Pourtant, malgré cette angoisse persistante, nous continuons à chercher notre place dans cette infinité déconcertante. Nous tissons des liens, bâtissons des relations, créons des œuvres d'art qui sont autant de fragments de notre esprit projetés dans l'infini. Car même si nous sommes des pensées éphémères, nous trouvons notre essence dans ces éclats de beauté et de création qui transcendent les limites matérielles.

Ainsi, nous flottons dans ce vide abyssal, conscients de notre insignifiance face à l'infini, mais porteurs d'une force unique : celle de donner un sens à notre existence, même si ce sens ne peut être appréhendé par des frontières matérielles. Dans ce monde sans limites, nous sommes des étoiles filantes, des souffles d'existence qui marquent de leur empreinte éphémère l'éternité infinie.

Mon infini, ce n'est pas la voûte étoilée qui s'étend au-delà des horizons, ni les vastes océans qui se perdent dans l'horizon lointain. Mon infini est empreint d'ombres, de tourments, d'une noirceur qui semble s'étendre à l'infini lui-même. Il est le reflet sombre de mon existence, une série d'épreuves psychiques qui ne trouvent jamais de terme.

Tel un labyrinthe ténébreux, mes problèmes psychiques s'étirent sans relâche, ne laissant guère de répit à mon esprit meurtri. Les tourbillons de mes pensées tourmentées s'entremêlent, créant un tourment sans fin qui ébranle les fondements de mon être. Je m'enlise dans un abîme profond, cherchant en vain une issue, mais chaque pas me mène invariablement vers de nouveaux tourments.

Les malheurs se succèdent, tels des vagues déchaînées s'abattant sur ma fragile embarcation. La douleur et la souffrance deviennent des compagnons constants, me rappelant que la quiétude n'est qu'une illusion éphémère. Les écueils de la vie se dressent devant moi, déchirant mes espoirs et réduisant mes rêves en poussière. Chaque rayon de lumière semble étouffé par les nuages sombres qui enveloppent mon existence.

Les angoisses me hantent, commes des créatures insaisissables dans l'obscurité de la nuit. Elles se glissent furtivement dans mon esprit, empoisonnant mes pensées et faisant naître des doutes corrosifs. Je me sens pris au piège, incapable d'échapper à cette anxiété dévorante qui étreint mon être. Les battements frénétiques de mon cœur résonnent dans le silence oppressant, tandis que mon esprit épuisé lutte contre cette spirale infernale.

Les déprimes m'enveloppent telle une brume épaisse, m'entraînant dans un abîme de tristesse et de désespoir. Les ombres de la mélancolie se fondent avec les replis de mon être, noyant mon âme dans une obscurité profonde. Chaque sourire se dissipe, chaque étincelle d'espoir s'éteint, laissant place à une morosité qui semble ne jamais vouloir prendre fin.

Les échecs personnels se dressent comme des stèles funèbres, témoins silencieux de mes luttes infructueuses. Mes aspirations sont piétinées, mes ambitions réduites à néant. Chaque tentative de m'élever est accueillie par le froid mordant de la défaite. Je me demande si le chemin de la réussite est réservé à d'autres, tandis que je me noie dans les échos de mes propres échecs.

Mon infini à moi, c'est une existence déchirée par les tourments, un voyage sans fin dans les méandres de la douleur. Mais même au cœur de cette obscurité, une étincelle fragile persiste. Car dans les profondeurs de mon être, je puise une résilience insoupçonnée, une force inébranlable qui refuse de se soumettre.

La dépression, telle une ombre insidieuse, s'infiltre silencieusement dans les recoins les plus intimes de l'âme humaine. Elle est une détresse profonde qui ébranle les fondations de l'être, plongeant l'individu dans un abîme de tristesse et de désespoir.

La dépression se manifeste par une lourdeur oppressante, une fatigue qui semble éternelle. Les gestes les plus simples deviennent des montagnes à gravir, chaque pas est un fardeau à porter. Les couleurs du monde s'atténuent, perdant leur éclat, tandis que les sourires des autres semblent lointains et inaccessibles.

Les pensées, autrefois vivaces et joyeuses, se voilent d'une brume sombre et tourmentée. Un incessant flot de pensées négatives envahit l'esprit, perçant comme des épines acérées, sapant l'estime de soi et la confiance en ses propres capacités. L'individu se perd dans un labyrinthe de doutes et de sentiments d'inutilité, se questionnant sur sa propre valeur et sa place dans le monde.

La dépression enferme l'âme dans une solitude profonde, même au milieu de la foule. Les liens sociaux se fragilisent, la communication devient ardue. Une sensation de vide et de déconnexion s'installe, laissant l'impression d'être emprisonné dans une bulle hermétique, isolé de toute chaleur humaine.

Les plaisirs qui jadis apportaient joie et émerveillement perdent tout attrait. La nourriture devient fade, les passions s'évanouissent et les activités autrefois gratifiantes se transforment en fardeaux. La dépression vole la capacité de ressentir du plaisir, laissant place à une apathie glaciale qui fige les émotions.

Le sommeil, refuge habituel, se transforme en terrain hostile. Les nuits sans repos s'accumulent, peuplées de pensées sombres qui dansent dans l'obscurité. Les insomnies et les cauchemars se mêlent, créant une spirale d'épuisement physique et mental.

La dépression n'est pas un simple état de tristesse passagère, mais une maladie complexe qui peut engloutir toute la vie de l'individu. Elle constitue une épreuve déchirante qui nécessite soutien, compréhension et soins appropriés. Par-delà les ténèbres, il est possible d'apercevoir une lueur d'espoir, une voie vers la guérison. Mais le chemin est long, sinueux et demande un courage immense pour affronter les démons intérieurs et retrouver la lumière qui se cache au-delà des ombres.

Au creux des méandres de ma vie, je m'interroge enfin. Comme un voyageur solitaire, je scrute les détours sinueux qui ont jalonné mon existence, en quête de réponses à mes questionnements les plus profonds. Les mystères de mon être se dévoilent peu à peu, et je me demande si ces épreuves passées ont laissé des empreintes indélébiles sur mon âme tourmentée.

Je me rappelle de ce jour où le destin, cruel souverain, avait orchestré une rencontre violente. Mon frère, animé par une rage incontrôlable, avait brandi le marteau, son courroux se déchaînant tel un orage dévastateur. Le monde s'était alors effondré autour de moi, et la lourdeur de cet impact avait fait écho en moi bien au-delà de l'épiderme. Les éclats de mon innocence, brisés à jamais, semblaient avoir laissé des cicatrices invisibles, des neurones du plaisir effacés à jamais.

Et puis, il y avait ce souvenir lointain de ma naissance, ce moment supposé être une célébration de la vie, mais qui avait été marqué par une distorsion. Mon pied, tordu et déformé, avait été pris dans les mains rudes de mon père aimant, tentant de soulager mes pleurs de douleur. Chaque manipulation, chaque pression, me plongeait dans un abîme de souffrance, secouant mon âme fragile d'innocence. Était-ce là que réside l'origine de mes tourments, dans ces instants précoces de vulnérabilité et d'incompréhension ?

Les réponses se dissimulent dans les mystères de l'âme humaine, insaisissables et fugaces. Je m'interroge sur la profondeur des blessures invisibles, sur l'empreinte laissée par les événements passés. Est-il possible que ces expériences, ces souffrances endurées, aient laissé des cicatrices imperceptibles, influençant ma perception du monde, de moi-même ?

Je ne peux que me questionner, plongé dans le brouillard des hypothèses et des conjectures. Mais peut-être, au-delà de la recherche de réponses, réside la nécessité de guérir les blessures de mon âme. Peut-être est-il temps de lâcher prise sur le poids du passé, de panser les plaies qui refusent de cicatriser, et d'entamer un voyage vers la guérison intérieure.

Dans les méandres de ma réflexion, je réalise que les blessures du passé ne définissent pas l'entièreté de mon être. Elles ne sont que des fragments d'une histoire plus vaste, une mosaïque complexe qui façonne mon existence. Et si les épreuves ont pu semer des tempêtes en moi, elles ont également nourri ma résilience, insufflant une force insoupçonnée dans les recoins les plus sombres de mon être.

Peut-être que je suis plus que les traumatismes et les douleurs du passé. Peut-être que je suis un être en perpétuelle évolution, capable de transcender les souffrances

Un marteau, suspendu par un fil, a été libéré par la gravité et a heurté violemment mon crâne. Ce n'était pas un acte intentionnel, mais une convergence malheureuse de forces cosmiques qui a engendré cette rencontre douloureuse.
Enfin, je parviens à atteindre la fin de ce récit qui a ravivé les flammes de mes sombres souvenirs, laissant peu de place aux moments de joie. Mon existence s'est égrenée dans un interminable chapelet de tourments, et la dépression chronique, cette compagne infatigable, est une épreuve que nul ne devrait jamais connaître. Heureusement, parmi les nuages sombres qui m'enveloppent, se profile l'espoir : celui des traitements médicamenteux qui offrent un répit à mes souffrances.

Comme un équilibriste épuisé, je continue d'avancer sur le fil fragile de l'existence, cherchant désespérément un sursis aux affres de mon esprit tourmenté. La dépression chronique, comme une ombre dévorante, a su s'immiscer en moi, dérobant les instants de sérénité et étouffant les rayons de lumière qui tentent de percer à travers les nuages sombres.

Les souvenirs douloureux se sont entrelacés dans les méandres de ma mémoire, laissant peu de place à la douceur des bons moments passés. Les larmes versées ont tracé un sillon amer, tandis que les rires et les sourires se sont progressivement évanouis, engloutis par le tourbillon de la maladie.

Chaque jour est une lutte perpétuelle, une bataille sans répit contre les ténèbres intérieures qui menacent de m'engloutir. Les pensées lugubres se faufilent insidieusement, étreignant mon esprit dans leur étreinte glaciale. Une lourdeur pesante m'enveloppe, m'arrachant à la réalité, me plongeant dans une torpeur inextricable.

Mais parmi les ombres qui m'enserrent, lueur d'espoir se dessine. Les avancées médicales offrent une bouée de sauvetage, des traitements qui, tels des phares dans la nuit, apaisent les tempêtes intérieures. Les médicaments, ces précieux alliés, viennent adoucir les contours acérés de ma souffrance, rétablissant un semblant d'équilibre dans le chaos de mon esprit.

Il est vrai que ces remèdes ne constituent pas une panacée universelle, mais ils offrent une voie vers un apaisement temporaire. Ils agissent commes des boucliers contre les assauts incessants de la dépression, préservant mes forces et m'offrant une bouffée d'air dans cet océan de désespoir.

Qu'il est réconfortant de savoir que des mains bienveillantes, dans l'ombre des laboratoires, travaillent sans relâche pour trouver des solutions, pour soulager les âmes égarées dans les méandres de la dépression. Ces traitements médicamenteux sont des outils précieux dans la quête de la guérison, offrant une lueur d'espoir dans les moments les plus sombres.

Alors, avec une plume empreinte de gratitude, je trace ces mots qui témoignent de mon parcours tumultueux, de mes épreuves incessantes. J'exprime ma reconnaissance envers ces traitements qui, bien qu'imparfaits, me permettent de savourer des instants fugaces de soulagement.

Que cette histoire puisse éveiller une conscience collective, incitant à la compassion envers ceux qui portent le fardeau de la dépression. Que chacun puisse trouver le soutien et les ressources nécessaires pour alléger les poids qui entravent leur chemin.

Ainsi, dans l'ombre des souffrances, se dessine l'espoir d'une lueur, d'une rémission, d'une renaissance. Et je marche, pas à pas, en quête d'une vie teintée d'une nouvelle palette d'émotions, où les nuages sombres se dispersent pour céder la place à la douce caresse de la lumière retrouvée.

Printed by Books on Demand GmbH, Norderstedt / Germany